Stefan Doose

„I want my dream!"

Persönliche Zukunftsplanung

Neue Perspektiven und Methoden
einer personenzentrierten Planung mit
Menschen mit und ohne Beeinträchtigungen

AG SPAK
Arbeitsgemeinschaft sozialpolitischer Arbeitskreise
Materialien der AG SPAK – M 273

Stefan Doose: I want my dream. Persönliche Zukunftsplanung
- Neue Perspektiven und Methoden einer personenzentrierten Planung mit Menschen mit und ohne Beeinträchtigungen -
Dieser Text wurde erstmals 1996 veröffentlicht und basierte auf einem Vortrag auf der Fachtagung „'Perestroika' in der Behindertenhilfe?! Von der zentralen Versorgungswirtschaft zur Subjektorientierung" an der Ev. Fachhochschule für Sozialpädagogik in Hamburg am 11.9.1996. Inzwischen wurde er mehrfach grundlegend überarbeitet und erweitert.

Dr. Stefan Doose, Steinrader Hauptstr.16, D-23556 Lübeck, stefan.doose@t-online.de.
Mehr Informationen auch unter www.persoenliche-zukunftsplanung.eu

Impressum:

10. aktualisierte Auflage 2013

ISBN 978-3-940 865-62-5

Titelbild © leszekglasner - Fotolia.com
Druck: Digitaldruck leibi.de
Erscheinungsort: Neu-Ulm

Die Veröffentlichung erscheint als M 274
in der Reihe Materialien der AG SPAK bei

AG SPAK Bücher — Tel. (07308) 91 92 61
Burlafinger Str. 11 — Fax (07308) 91 90 95
89233 Neu-Ulm — www.agspak-buecher.de

Mitglied bei aLiVe (assoziation Linker Verlage)

Auslieferung für den Buchhandel:
SOVA, Frankfurt, Fax (069) 41 02 80

Die Deutsche Bibliothek – CIP-Einheitsaufnahme

Ein Titeldatensatz für diese Publikation ist bei der Deutschen Bibliothek erhältlich

Inhaltsverzeichnis:

Der Ausgangspunkt: Gemeinsam eine erfreuliche Zukunft gestalten 3

Eigene Erfahrungen und Entwicklungen von Persönlicher Zukunftsplanung im deutschsprachigen Raum 4

Die politische Dimension: Kampf gegen Aussonderung 10
- Die amerikanische Behindertenrechtsbewegung 10
- Das Antidiskriminierungsgesetz 10
- Veränderungen in der Behindertenpolitik in Deutschland 11
- Mensch zuerst - Eintreten für eigene Rechte und Selbstbestimmung 13
- Inklusion 15

Ausgangspunkt: Plätze nah am Haus - Sozialraumorientierung 16

Bereiche Persönlicher Zukunftsplanung 18

Kriterien Persönlicher Zukunftsplanung 19
- Institutionelle Hilfeplanung versus Persönlicher Zukunftsplanung 19
- Kernelemente Persönlicher Zukunftsplanung 27
- Träume 28
- Humor 29
- Wirklichkeit 29
- Die organisatorische Anbindung Persönlicher Zukunftsplanung 30
- Zwischenbilanz: Persönliche Zukunftsplanung basiert auf einer veränderten Sichtweise 32

Methoden Persönlicher Zukunftsplanung 33
- Themenblätter 34
- Karten 41
- Ordner 46
- Unterstützungskreise 48
- Tipps zur Moderation von Unterstützungskreisen 54
- Hilfreiche Fragen für die Moderation von Zukunftsplanungstreffen 55
- Zusammenfassung der Grundhaltung für die Moderation 60
- Planungsformate für Unterstützungskreise 62

Folgewirkungen Persönlicher Zukunftsplanung 73
- Veränderung der Rolle der Professionellen: 73
- Veränderung der Organisationen in der Behindertenhilfe durch Persönliche Zukunftsplanung 73
- Veränderung des Systems der Behindertenhilfe 77

Literatur 79

Der Ausgangspunkt: Gemeinsam eine erfreuliche Zukunft gestalten

Jeder Mensch hat eine Zukunft. Diese Zukunft beginnt heute und dauert hoffentlich noch etliche Jahre. Wir sind oft auf Unterstützung von anderen Menschen angewiesen, um diese Zukunft gut gestalten zu können. Dies gilt in besonderer Weise auch für Menschen mit Beeinträchtigungen, die häufig existenziell in bestimmten Lebensbereichen auf Fachleute, bezahlte HelferInnen[1], Familie und FreundInnen angewiesen sind. Um Menschen bei der Gestaltung ihrer Zukunft erfolgreich unterstützen zu können, müssen wir uns mit den unterstützten Personen über ihre Träume und Ziele im Leben unterhalten. Denn es ist ihr Leben, das wir hilfreich begleiten wollen.

Würde es eine Musik zu diesem Beitrag geben, wäre es sicher die Pop-Hymne „It's my life!" - „Es ist mein Leben!", die uns in das Thema einstimmen würde, und damit die Älteren unter Ihnen nicht zu kurz kommen, würden wir mit Frank Sinatra „I did it my way"[2] enden, um darauf zu verweisen, dass unser Lebensweg, ein eigener, nicht immer mit den Ratschlägen der Anderen konformer Weg mit Höhen und Tiefen ist. „Ich weiß doch selbst, was ich will!" war der Titel einer Tagung der Lebenshilfe 1994, bei der es um die Förderung der Selbstbestimmung von Menschen mit Lernschwierigkeiten ging.[3] Ich würde dies sogar noch erweitern: Selbst wenn ich nicht weiß, was ich will - und dies geht vielen von uns hin und wieder so -, möchte ich keine Bevormundung, sondern Informationen, die Möglichkeit, Dinge auszuprobieren und einen ehrlichen Gedankenaustausch mit anderen.

Persönliche Zukunftsplanung umfasst eine Vielzahl methodischer Planungsansätze, um mit Menschen mit und ohne Beeinträchtigung über ihre Zukunft nachzudenken, eine Vorstellung von einer erstrebenswerten Zukunft zu entwickeln, Ziele zu setzen und diese mit Hilfe eines Unterstützungskreises Schritt für Schritt umzusetzen. Diese verschiedenen personenzentrierten Planungsansätze wurden im englischsprachigen Raum von verschiedenen Menschen unter dem Oberbegriff „person centered planning" Ende der 1980er Jahre entwickelt.[4]
„Der Prozess der Persönlichen Zukunftsplanung schlägt eine Reihe von Aufgaben vor und hält verschiedene Methoden bereit, die uns helfen einen Prozess mit Menschen zu beginnen, um ihre Fähigkeiten aufzudecken, Möglichkeiten vor Ort zu entdecken und neue Dienstleistungen zu erfinden, die mehr helfen als im Weg stehen" (MOUNT 1994)

Dabei sollen Veränderungsprozesse sowohl auf der Ebene

- der Person,
- der Organisation
- und des Gemeinwesens gestaltet werden.

Es geht neben der Erreichung persönlicher Ziele für die Person also auch um die Frage der Gestaltung von hilfreicher Unterstützung,der Weiterentwicklung von Dienstleistungen einer Organisation und im Sinne der Sozialraumorientierung um den Aufbau und die Nutzung von Ressourcen vor Ort. Es bedarf also lernender Or-

---

[1] Ich verwende in diesem Text überwiegend die weibliche Form mit dem großen I oder eine geschlechtsneutrale Form, wenn ich beide Geschlechter meine. Das Geschlecht der unterstützten Person und der Unterstützungspersonen ist ein relevanter Punkt in Zukunftsplanungsprozessen.
[2] Auf Deutsch: „Ich habe es auf meine Art gemacht"
[3] BUNDESVEREINIGUNG LEBENSHILFE 1996
[4] Ein Überblick der Ursprünge von Person Centered Planning findet sich in O'BRIEN /O'BRIEN 2002a

ganisationen, die offen und bereit sind, am Einzelfall zu lernen, wie sie ihre Unterstützung weiterentwickeln können und sich in das Gemeinwesen öffnen.

Persönliche Zukunftsplanung ist nicht nur ein methodischer Ansatz, sondern umfasst auch eine andere Sichtweise von Menschen mit Beeinträchtigungen. Grundlage von Persönlicher Zukunftsplanung ist ein personenzentriertes Denken. Personenzentriertes Denken ist eine Grundhaltung, die eine Person mit dem, was ihr wichtig ist, ihren Stärken und Möglichkeiten, ihren Träumen und Zielen in den Blick nimmt und darauf aufbaut. Was kann eine Person, bei alledem, was ihr vielleicht schwerfällt? Was interessiert sie? Welche Möglichkeiten gibt es? Welche Möglichkeiten müssen neu geschaffen werden? Dieses personenzentrierte Denken verlangt, genau hinzuschauen, hinzuhören und miteinander ins Gespräch zu kommen.

In diesem Buch werde ich zunächst in die Grundprinzipien Persönlicher Zukunftsplanung einführen, dann beispielhaft Methoden Persönlicher Zukunftsplanung erläutern und abschließend die Folgen für die Veränderung von Einrichtungen der Behindertenhilfe durch eine veränderte Hilfeplanung aufzeigen. Der Beitrag ist in „schwerer Sprache" für UnterstützerInnen von Menschen mit Lernschwierigkeiten[5] geschrieben, viele Grundgedanken lassen sich aber für die Unterstützung von allen Menschen übertragen. Für Menschen mit Lernschwierigkeiten sind im Zusammenhang mit dem Projekt „Zeit für Veränderungen" Mensch zuerst - Netzwerk People First Deutschland e.V. Materialien zum Thema Persönliche Zukunftsplanung entstanden, so mehrere Kurzinformationen[6] mit Erläuterungen der Methoden und Planungsbeispielen sowie unter dem Titel *„Käpt'n Life und seine Crew. Ein Arbeitsbuch zur Persönlichen Zukunftsplanung"*[7] eine umfangreiche Einführung und ein persönliches Planungsbuch mit vielen Arbeitsblättern und Bildern.

Eigene Erfahrungen und Entwicklungen von Persönlicher Zukunftsplanung im deutschsprachigen Raum

Ich habe den Ansatz der Persönlichen Zukunftsplanung (englisch: person centred planning) während meines Studiums 1994/95 an der University of Oregon in den USA kennengelernt. In den letzten Jahren habe ich den Ansatz in zahlreichen Zukunftsplanungen, Seminaren, Vorträgen, Veröffentlichungen und Projekten zusammen mit Susanne Göbel, Carolin Emrich, Oliver Koenig, Ines Boban, Andreas Hinz und vielen anderen Menschen mit und ohne Behinderung erprobt, verbreitet und weiterentwickelt. Ich konnte dadurch die Entwicklung von Persönlicher Zukunftsplanung im deutschsprachigen Raum aktiv mit gestalten und begleiten. Dabei lassen sich verschiedene Phasen beschreiben:

Persönliche Zukunftsplanung gelangt in den deutschsprachigen Raum – erste Veröffentlichungen, Seminare und Erprobungen (1994-2008)

Der Ansatz der Persönlichen Zukunftsplanung wurde etwa seit Mitte der 1990er Jahre aus den englischspachigen Ländern von Studien-und Arbeitsaufenthalten in den USA oder von Seminaren nach Deutschland mitgebracht. Susanne Göbel hatte Per-

[5] Ich benutze im folgenden Text den Begriff „Menschen mit Lernschwierigkeiten" als Oberbegriff für Menschen mit kognitiven Beeinträchtigungen statt der Begriffe Menschen mit Lernbehinderung und geistiger Behinderung, da er von den betroffenen Menschen in der People-First-Bewegung als Selbstbezeichnung gewählt wurde.
[6] NETZWERK PEOPLE FIRST 2003
[7] DOOSE, EMRICH, GÖBEL 2013 (zuerst 2004)

sönliche Zukunftsplanungen bereits vor mir während ihrer Studien- und Arbeitszeit in Oregon in den USA Anfang der 1990er Jahre erlebt. Ich habe den Ansatz der Persönlichen Zukunftsplanung, wie bereits erwähnt, während meines Master-Studiums 1994/95 an der University of Oregon in den USA kennengelernt. Roz Slovic von der University of Oregon erzählte mir von Susanne Göbel und empfahl mir, sie nach der Rückkehr in Deutschland unbedingt zu treffen. Vielleicht könnten wir ja die Ideen von Persönlicher Zukunftsplanung nach Deutschland bringen, so ihr prophetischer Vorschlag. Ines Boban und Andreas Hinz lernten den Ansatz durch ein Seminar über MAP und PATH in Großbritannien kennen, außerdem standen wir während meines USA-Aufenthaltes in persönlichem Kontakt.

Nach meiner Wiederkehr nach Deutschland im Herbst 1995 baute ich die Bundesarbeitsgemeinschaft für Unterstütze Beschäftigung (BAG UB) als Geschäftsführer auf und brachte mein Lehramtsstudium an der Universität Bremen zu Ende. Ich nahm bald Kontakt zu Susanne Göbel auf und wir trafen uns in Kassel-Wilhelmshöhe auf dem Bahnhof, um uns auszutauschen und Begrifflichkeiten für unsere Übersetzungen abzustimmen. Angeregt von dem Ansatz „personal futures planning" von Beth Mount, einigten wir uns darauf, „Persönliche Zukunftsplanung" zum deutschen Begriff für „peron centred planning" zu machen, da uns „personenzentrierte Planung" zu technisch erschien. Im Rahmen eines meiner ersten Seminare an der Universität Bremen begeisterte sich Carolin Emrich so für das Thema Persönliche Zukunftsplanung, dass sie später ihre Diplomarbeit darüber schrieb und begann Seminare zum Thema mit zu gestalten.

In diese Zeit fallen auch die ersten Veröffentlichungen zum Thema Persönliche Zukunftsplanung. Klaus von Lüpke war der erste, der in seinem Buch „Nichts besonderes" 1994[8] von dem Ansatz der individuellen Zukunftsplanung und Zukunftsplanungs-Konferenzen berichtete, von denen er aus den Niederlanden erfahren hatte. Am 11.September 1996 hielt ich einen Vortrag auf der Fachtagung „'Perestroika' in der Behindertenhilfe?! Von der zentralen Versorgungswirtschaft zur Subjektorientierung" an der Ev. Fachhochschule für Sozialpädagogik in Hamburg, die ich mit einem inklusiven Vorbereitungskreis und einigen Arbeitsgruppen zum Thema Persönliche Zukunftsplanung mitgestaltet hatte. In Folge erschien 1996 die erste Auflage dieser Broschüre, die damals 37 Seiten hatte. Bald war der Text bei bidok Online-Bibliothek im Internet erhältlich. Zu dieser Zeit erschienen auch weitere erste Artikel zum Thema Persönliche Zukunftsplanung[9]. Im Jahre 1999 wurde der überarbeitete Text mit einem anderen Beitrag zum Thema Peer Counseling als Buch mit dem Titel „Zukunftsweisend. Peer Counseling und Persönliche Zukunftsplanung" veröffentlicht.[10]

Außerdem gab es erste Zukunftsplanungen und Zukunftsfeste, Vorträge und zumeist ein- bis zweitägige Seminare. So fanden Seminare mit PädagogInnen, Eltern und Menschen mit Beeinträchtigungen aus Wohngruppen und Betreutem Wohnen, Integrationsfachdiensten und Werkstätten, Integrationsklassen und Sonderschulen, Sozialen Diensten und Peer-Counseling Beratungsstellen statt und es wurden von persönliche Unterstützungskreise begleitet. Im Wesentlichen wird der Ansatz zu dieser Zeit durch Susanne Göbel, Carolin Emrich und mich, sowie in besonderem Maße von Ines Boban und Andreas Hinz verbreitet. Persönliche Zukunftsplanung wird Teil der Ausbildung von IntegrationsberaterInnen sowie von Peer-BeraterInnen. Elemen-

[8] VON LÜPKE 2004
[9] DOOSE 1996, 1998 ; BOBAN/HINZ 1999
[10] VAN KAN/ DOOSE 1999

te Persönlicher Zukunftsplanung werden in der Praxis von einzelnen engagierten MitarbeiterInnen und Organisationen aufgegriffen.[11]

Mensch zuerst – Netzwerk People First Deutschland e.V. war im Jahre 2003 Träger des kleinen bundesweiten Austauschprojektes *„Zeit für Veränderungen“* zum Thema Persönliche Zukunftsplanung, in dem u.a. Susanne Göbel, Carolin Emrich und ich zusammen gearbeitet haben. In dem Projekt wurden Zukunftsplanungen durchgeführt, es entstand die Internetseite www.persoenliche-zukunftsplanung.de, und 2004 erschien das Arbeitsbuch „Käpt'n Life und seine Crew“[12] zum Thema Persönliche Zukunftsplanung in leichter Sprache erstmals. „I want my dream“ wurde grundlegend überarbeitet und hatte jetzt 50 Seiten plus 68 Seiten Materialteil.

Im Lebenshilfe-Verlag erscheint 2006 der Ordner „Gut leben“[13], der für eine weitere Verbreitung des Themas sorgte. Die Hamburger Arbeitsassistenz entwickelt die Materialien für den Bereich der beruflichen Orientierung in „BeO“ und „Talente“ weiter.[14] Susanne Göbel und Carolin Emrich führen die erste umfassendere inklusive Weiterbildung in Persönlicher Zukunftsplanung in Kassel durch. In bestimmten Arbeitsfeldern werden die Methoden zu dieser Zeit vermehrt genutzt, es gibt aber keine breite Praxis. Der Ansatz der Persönlichen Zukunftsplanung hat Einfluss auf die Entwicklung von einigen Ansätzen der individuellen Hilfeplanung[15].

Neue Wege zur Inklusion – neue Projekte und Materialien, inklusive Weiterbildungen, Netzwerk der Aktiven (seit 2009)

Oliver Koenig von der Universität Wien und Tobias Buchner, damals bei der Lebenshilfe Österreich, fragten mich 2008, ob ich an einem europäischen Leonardo-Projekt zur Entwicklung einer inklusiven Weiterbildung in Persönlicher Zukunftsplanung mitwirken würde. Dies sollte der Startschuss für eine weitere Entwicklungsrunde für Persönliche Zukunftsplanung im deutschsprachigen Raum sein. Leider wurde das Projekt zunächst nicht bewilligt, dafür aber Anfang 2009 ein entsprechendes Inklusionsprojekt *„Neue Wege zur Inklusion – Zukunftsplanung in Ostholstein“* des Landes Schleswig-Holstein. Dieses Projekt ermöglichte, dass mit Oliver Koenig, Susanne Göbel, Carolin Emrich, Ines Boban und Andreas Hinz wesentliche Akteure der Persönlichen Zukunftsplanung im deutschsprachigen Raum gemeinsam mit der Entwicklung einer inklusiven Weiterbildung in Persönlicher Zukunftsplanung in Eutin beginnen konnten. Im zweiten Anlauf wurde dann das europäische Projekt „New Paths to Inclusion“ doch noch bewilligt und konnte im Herbst 2009 starten.
In den Projekten *„Neue Wege zur Inklusion – Zukunftsplanung in Ostholstein“* und *„New Paths to Inclusion“* wurden so in den Jahren 2009-2011 im Rahmen eines Inklusionsprojektes des Landes Schleswig-Holstein und eines europäischen Leonardo-Projekts von uns u.a. eine inklusive Weiterbildung in Persönlicher Zukunftsplanung mit zunächst 4 dann 6 Modulen a 2 Tagen und eine Aufbauschulung für MultiplikatorInnen mit 4 weiteren Modulen entwickelt. Projektträger des Schleswig-Holsteiner Projekts war die Horizonte Ostholstein gGmbH (damaliger Name: Ostholsteiner Behindertenhilfe) als veränderungsbereite Organisation, Kooperationspartner waren u.a. die Fachschule für Sozialpädagogik in Lensahn als Bildungsträger und die Uni-

[11] NIEDERMAIR 1999, NIEDERMAIR/TSCHANN 1999, NIEDERMAIR 2004
[12] DOOSE, EMRICH, GÖBEL 2004/ 2013
[13] EMRICH, GROMANN, NIEHOFF 2006
[14] HAMBURGER ARBEITSASSISTENZ 2007, 2008
[15] EV. STIFTUNG ALSTERDORF 1999, MINISTERIUM FÜR ARBEIT, SOZIALES, FAMILIE UND GESUNDHEIT DES LANDES RHEINLAND-PFALZ 2005.,

versität Halle, die die wissenschaftliche Begleitung übernahm. Am 30.9.2010 fand in Lensahn der landesweite Fachtag „Neue Wege zur Inklusion“ statt, indem u.a. neben den ReferentInnen, die TeilnehmerInnen der Weiterbildung ihre Erfahrungen zu verschiedenen Aspekten der Zukunftsplanung präsentierten[16].

Die Weiterbildung in Persönlicher Zukunftsplanung soll zur aktiven Unterstützung und Moderation eines Persönlichen Zukunftsplanungsprozesses befähigen. Im Rahmen dieser Weiterbildung werden auf der individuellen Ebene konkret Persönliche Zukunftsplanungen durchgeführt und persönliche Veränderungsprozesse begleitet. Der Aufbaukurs für Multiplikatoren soll zur Weiterverbreitung der Idee und Methode von Persönlicher Zukunftsplanung qualifizieren. Das Projekt reagierte auf die Tatsache, dass es bisher keine strukturierte umfassende Weiterbildung im Bereich Persönlicher Zukunftsplanung gab. Wir haben uns dafür entschieden, diese Weiterbildung regional zusammen mit veränderungsbereiten Organisationen und verschiedenen Kooperationspartnern zu entwickeln, da wir meinen, dass Zukunftsplanung dann wirksam werden kann, wenn Organisationen vor Ort bereit sind Zukunftsplanungen umzusetzen und ihr Dienstleistungsangebot weiter zu entwickeln. Neue Möglichkeiten für die Umsetzung von Zukunftsplänen ergeben sich außerdem, wenn man gezielt die Ressourcen in der Region in den Blick nimmt, verschiedene Menschen vernetzt und sich politisch für die Teilhabemöglichkeiten aller Menschen vor Ort und die Weiterentwicklung personenbezogener Dienstleistungen einsetzt[17].

Im Rahmen des europäischen Leonardo-Projektes „New Path to Inclusion“ mit PartnerInnen in Österreich, der Tschechischen Republik, England, Luxemburg, der Slowakei und Südtirol wurde ein europäisches Curriculum für eine Weiterbildung in Persönlicher Zukunftsplanung mit 6 Modulen à zwei Tagen entwickelt und in Eutin, Wien und Prag erprobt. Durch die Projektpartnerschaft mit Helen Sanderson Associates (HSA) in Großbritannien haben wir die vielfältigen, ganz hervorragenden Materialien mit Methoden zum Personenzentrierten Denken und Planen kennengelernt und erste Materialien ins Deutsche übersetzt. So erschien das Minibuch „Personenzentriertes Denken“ erstmals auf Deutsch.[18] Das Buch „I want my dream“ wird auf der Basis der neu gewonnenen Erkenntnisse grundlegend überarbeitet, der Textteil hat jetzt 80 Seiten, der Materialteil 120 Seiten.

Es entstand unter http://trainingpack.personcentredplanning.eu/index.php/de/ ein umfassendes Weiterbildungspaket zum Thema personenzentriertes Denken und Persönliche Zukunftsplanung im Internet mit dem Curriculum der Weiterbildung, umfassenden Methodenbeschreibungen und Beispielen von Zukunftsplanungen. Bereits kurz zuvor ist für das Deutsche Institut für Menschenrechte im Rahmen des Online Handbuchs www.inklusion-als-menschenrecht.de ein umfangreicher Abschnitt zu Persönlicher Zukunftsplanung für Kinder und Familien erschienen.

Ines Boban wirkte an den inklusiven Weiterbildungen in Persönlicher Zukunftsplanung als Entwicklerin und Referentin mit und Andreas Hinz von der Martin-Luther-Universität Halle war an der wissenschaftlichen Begleitung der oben genannten Projekte[19] beteiligt. Darüber hinaus gab es parallel noch ein weiteres Projekt in Kooperation der Martin-Luther-Universität und des Bundesverbandes für Körper- und Mehrfachbehinderte, in dem eine weitere Weiterbildung mit dem Schwerpunkt MAPS und

---

16 vgl. Doose 2010b,Hinz, Friess, Töpfer 2011

17 vgl. Doose 2010b, Hinz, Friess, Töpfer 2012, www.personcentredplanning.eu

18 Sanderson/Goodwin 2010, viele Materialien und Informationen auf Englisch gibt es auf der Homepage von HSA www.helensandersonassociates.co.uk

19 Hinz, Friess, Töpfer 2012, Lunt/Hinz 2011

PATH in Halle entwickelt und durchgeführt wurde. Außerdem entstand daraus das Praxishandbuch Zukunftsfeste „Bürgerzentrierte Planungsprozesse in Unterstützerkreisen“[20] mit einer DVD mit Beispielen von Zukunftsfesten.

Zum Ende des bvkm-Projektes und des Projektes „New Paths to Inclusion“ fand in Trägerschaft des Bundesverbandes für Körper- und Mehrfachbehinderte und des Vereins Mensch zuerst – Netzwerk People First Deutschland vom 7.- 8. Oktober 2011 mit John O'Brien die erste große deutschsprachige Fachtagung zum Thema Zukunftsplanung „Weiter denken: Zukunftsplanung“ mit 450 Personen in Berlin statt.[21] Am Ende einer lebendigen Tagung steht der Entwurf einer Grundsatzerklärung und der Plan ein deutschsprachiges Netzwerk Persönliche Zukunftsplanung zu gründen.

Seit 2009 werden umfangreiche inklusive Weiterbildungen in Persönlicher Zukunftsplanung angeboten. Neben der im Projekt New Paths to Inclusion entwickelten Weiterbildung mit 6 Modulen und der Weiterbildung mit dem Schwerpunkt MAPS und PATH in Halle, werden auch Weiterbildungen in Persönlicher Zukunftsplanung in Kooperation mit der Ev. Hochschule Ludwigsburg in Baden-Württemberg und der Universität Hannover in Niedersachsen durchgeführt. Die im europäischen Projekt entwickelte inklusive Weiterbildung in Persönlicher Zukunftsplanung entwickelt eine eigene Dynamik. Nach den Pilotdurchgängen in Eutin, Wien und Prag startet die Weiterbildung 2012 in Flensburg, Bad Oldesloe, Hamburg, 2013 in Innsbruck, Wien, Bremen, Gießen, Lüneburg, St. Gallen, Südtirol, Luxemburg, 2014 sind u.a. Graz, Salzburg, Innsbruck, Wien, Wilhelmshaven, Hamburg, Dresden und Zürich geplant. Ein neuer Aufbaukurs für MultiplikatorInnen läuft 2013 bereits in Norddeutschland, ein weiterer für Österreich ist in Planung. So entsteht jetzt eine neue Generation von ZukunftsplanerInnen, ModeratorInnen für Unterstützungskreise und MultiplikatorInnen.

Eine zunehmende Bedeutung haben auch an der Weiterbildung beteiligte Organisationen, die ihre Arbeit in Folge dessen personenzentrierter und sozialräumlicher ausrichten wollen. So planten eine Reihe von Diensten und Einrichtungen ihre eigene Zukunft auf Organisations-Ebene und machen sich mit internen Projekten an die Umsetzung. Die Arbeit von balance in Wien ist ebenso ein Beispiel dafür wie das Projekt „Wunschwege“ von Leben mit Behinderung in Hamburg. In Wien und Graz wurden 2013 auch erstmals eine Weiterbildung mit 4 Modulen zum Thema „Personenzentriertes und sozialräumliches Denken und Handeln in Organisationen“ angeboten, 2014 sind neue Durchgänge in Innsbruck und Wien geplant.

Nach einem Netzwerktreffen in Freising im Frühjahr 2012 fand vom 9.-10.Oktober 2012 die zweite deutschsprachige Fachtagung „Persönliche Zukunftsplanung – Lust auf Veränderung“ mit 250 Personen in Linz statt, die vom Zentrum für Kompetenzen und der Lebenshilfe Österreich veranstaltet wurde. Dort wurde das deutschsprachige Netzwerk Persönliche Zukunftsplanung gegründet. In dem Netzwerk Persönliche Zukunftsplanung wirke ich als Sprecher für Deutschland im Koordinations-Kreis mit. Das Netzwerk hat ein Jahr später im Oktober 2013 über 110 persönliche Mitglieder und 35 Organisationen als Mitglieder. Im Frühjahr 2013 fand ein offenes Netzwerktreffen in Bozen statt. Das Netzwerk Persönliche Zukunftsplanung baut unter www.persoenliche-zukunftsplanung.eu eine neue deutschsprachige Internetseite auf,

---

[20] HINZ/KRUSCHEL 2013

[21] Dokumentation siehe http://www.bvkm.de/arbeitsbereiche-und-themen/weiter-denken-zukunftsplanung.html , Schwerpunktheft Persönliche Zukunftsplanung der impulse, BAG UB 2011

auf der in Zukunft neben aktuellen Infos, Terminen und Materialien auch ModeratorInnen und BotschafterInnen für Persönliche Zukunftsplanung zu finden sein werden. Vom 14.-16. November 2013 findet die dritte deutschsprachige Fachtagung mit dem Titel „Zukunftsplanung bewegt ... Menschen, Organisationen, Regionen" in Hamburg mit Beth Mount statt, die von Leben mit Behinderung Hamburg in Kooperation mit dem Netzwerk Persönliche Zukunftsplanung und vielen regionalen Kooperationspartnern veranstaltet wird. Dort ist auch geplant, dass das Netzwerk Persönliche Zukunftsplanung ein Verein wird, um zukünftig als juristische Person agieren zu können.

Anfang 2013 startete unter der Koordination von Oliver Koenig als Nachfolge des New Path to Inclusion-Projektes das europäische New Path to InclUsion Network, mit 20 Partnerorganisationen aus 14 europäischen Ländern und Kanada unter der Begleitung von John O'Brien. Ziel ist es, die inklusive Weiterbildung in Persönlicher Zukunftsplanung weiterzuentwickeln und in weitere Länder zu verbreiten. So werden neue Weiterbildungen in Dänemark, Kroatien, Portugal, Spanien, Rumänien, der Slowakei, Luxemburg und der Schweiz stattfinden. Neue Module sollen zu den Themen personzentrierte Organisationsentwicklung und Sozialraumorientierung entwickelt werden, außerdem soll die inklusive Gestaltung des Kurses verbessert werden. Das Projekt orientiert sich an dem U-Prozess von Otto Scharmer[22], einem Zukunftsplanungsprozess, der sowohl für Organisationen als auch für Personen benutzt werden kann und sehr gut zur Persönlichen Zukunftsplanung passt. Die Theorie U bietet für diesen Prozess vielfältige hilfreiche Methoden an. Die Theorie U geht davon aus, dass die Lösung der Probleme der Zukunft nicht mit den Mitteln der Vergangenheit gelingen kann. Das Kunstwort „presencing" bezeichnet dabei das Erspüren einer Zukunft, die noch nicht da ist, sich aber abzeichnet und geboren werden will.

Herausforderungen für die zukünftige Entwicklung

Dieser Abriss der Entwicklung von Persönlicher Zukunftsplanung im deutschsprachigen Raum zeigt die Fülle der Erfahrungen, die mittlerweile diese Idee tragen. Dennoch ist Persönliche Zukunftsplanung in der Praxis immer noch nicht breit verfügbar. In den kommenden Jahren wird es darauf ankommen, Persönliche Zukunftsplanung für alle, die es wollen, zu ermöglichen. Es geht darum den Ansatz und die Methoden in die Breite zu bringen, neue Materialien und vor allem eine gute Praxis zu entwickeln. Dazu braucht es ein breites Angebot an inklusiven Weiterbildungen und viele ModeratorInnen und BotschafterInnen dieser Idee. Das Netzwerk Persönliche Zukunftsplanung kann dafür die Drehscheibe der Aktiven sein. Es wird darum gehen Qualität zu definieren und zu sichern, damit Persönliche Zukunftsplanung nicht zu einem Begriff wird, der für Fragwürdiges herhalten muss. Es geht aber auch darum, Finanzierungsmöglichkeiten zu erschließen und eine gute Verzahnung von Persönlicher Zukunftsplanung und individueller Hilfeplanung zu erreichen. Neue Möglichkeiten lassen sich nur dann erschließen, wenn sich auch die Unterstützungsangebote und die Teilhabechancen im Sozialraum weiterentwickeln. Deshalb kommt der Zukunftsplanung für personenzentrierte und sozialräumlich orientierte Organisationen und inklusive Regionen eine besondere Bedeutung zu.

Persönliche Zukunftsplanung ist ein Ansatz, um Inklusion vor Ort zu ermöglichen. Persönliche Zukunftsplanung hat daher immer auch eine sozialpolitische Dimension und ist ein werteorientierter Ansatz, bei dem die Grundhaltung, aus der gehandelt wird, entscheidend ist.

---

[22] SCHARMER 2009, www.presencing.com

Die politische Dimension: Kampf gegen Aussonderung

Das Gelingen unserer persönlichen Zukunftspläne ist abhängig von gesellschaftlichen Rahmenbedingungen. Das gilt für jeden Menschen, doch insbesondere für Menschen mit Beeinträchtigungen. Die Größe individueller Gestaltungsspielräume ist abhängig von der Schaffung von echten Wahlmöglichkeiten in allen Lebensbereichen. Durch die Dominanz von Sondersystemen haben viele Menschen mit Behinderung jedoch zurzeit keine echten Wahlmöglichkeiten, da die aufgrund der Behinderung notwendige Unterstützung nur in den Sondersystemen vorgesehen ist. Persönliche Zukunftsplanung mit Menschen mit Behinderung hat als wesentliches Bestimmungsmoment daher den Kampf für gesellschaftliche Inklusion und gegen Aussonderung.

Die amerikanische Behindertenrechtsbewegung

„I have a dream“ lautet der Titel der Rede, mit der Martin Luther King in den USA gegen die Diskriminierung von Menschen aufgrund ihrer Hautfarbe protestierte. Er hatte die Vision, dass Menschen trotz ihrer Unterschiede friedlich zusammen lernen, wohnen, arbeiten und spielen können. Diese Vision sollte auch unser Leitbild in der Arbeit mit Menschen mit Behinderung sein. Es geht darum, Lebensräume zu gestalten, in denen Menschen mit und ohne Behinderung gemeinsam lernen, wohnen, arbeiten und ihre Freizeit verbringen. In den USA wird der Kampf gegen die Diskriminierung von Menschen aufgrund ihrer Behinderung parallel zum Kampf gegen die Diskriminierung von Menschen aufgrund ihrer Hautfarbe gesehen.

Das Antidiskriminierungsgesetz

Ein großer Erfolg der amerikanischen Behindertenrechtsbewegung war die Verabschiedung des Antidiskriminierungsgesetzes[23] im Jahre 1990. Es verbietet die Diskriminierung von Menschen aufgrund ihrer Behinderung in allen wesentlichen öffentlichen Bereichen wie öffentlich zugänglichen Geschäften, Diensten und Verwaltungen, der Telekommunikation, dem Verkehrswesen und dem Arbeitsleben. Basierend auf diesem Gesetz gibt es in den USA ein individuelles Klagerecht des behinderten Menschen, der sich diskriminiert fühlt. Das Gesetz verpflichtet auch öffentliche und private Einrichtungen, ihre Dienste im Rahmen des Zumutbaren behindertengerecht umzugestalten. Dafür sind teilweise längere Übergangsfristen vorgesehen. So müssen z. B. Gaststätten, wenn dies ohne unzumutbare Kosten möglich ist - in jedem Fall aber bei Umbau oder Neueröffnungen - rollstuhlzugänglich sein. Die Speisekarte muss zwar nicht in Blindenschrift vorliegen, aber ein Kellner muss selbstverständlich einer blinden oder nicht lesenden Person die Speisekarte vorlesen. Neue Busse müssen rollstuhlgerecht sein, Telefongesellschaften einen Dolmetscherservice für Gehörlose anbieten. Solche Maßnahmen erweitern konkret die Lebensräume für Menschen mit Beeinträchtigungen und verändern das gesellschaftliche Bewusstsein. So haben beispielsweise Eltern bei Spielwarenherstellern protestiert, dass in den Spielwarenkatalogen keine Fotos von behinderten Kindern auftauchen würden. Solange nicht auch Kinder mit Beeinträchtigungen als selbstverständlicher Teil der Zielgruppe dort auftauchen würden, würden sie keine Produkte aus diesem Hause mehr kaufen. Dies hat dazu geführt, dass viele führende Spielwarenhersteller in den USA mittlerweile sowohl spielende Kinder mit Beeinträchtigungen im Katalog abdrucken, als auch Puppen mit Behinderung in ihr Programm aufgenommen haben. So

---

[23] Americans with Disabilities Act of 1990 (ADA), Public Law 101-336

gibt es Puppen, die wie Kinder mit Down-Syndrom aussehen, oder Becky, die Freundin von Barbie im Rollstuhl. Becky gab es kurze Zeit auch in Deutschland zu kaufen, wurde aber wegen des geringen Erfolgs in Deutschland wieder aus dem Programm genommen. Sie hat aber auch in ihrem Puppenleben noch mit Barrieren zu kämpfen, da sie im Rollstuhl leider nicht durch die Tür des Puppenhauses passt.

Das veränderte Bewusstsein, dass die gleichberechtigte Teilhabe von Menschen mit Behinderung ein Bürgerrecht und keine mildtätige Gabe der Gesellschaft ist, drückt sich auch in den Grundsätzen des amerikanischen Rehabilitationsgesetzes aus[24]:

Präambel des amerikanischen Rehabilitationsgesetzes

"Behinderung ist ein natürlicher Teil der menschlichen Erfahrung und schränkt in keiner Weise das Recht jedes Einzelnen ein,

- *unabhängig zu leben,*
- *selbst zu bestimmen,*
- *Wahlmöglichkeiten zu haben,*
- *zur Gesellschaft beizutragen,*
- *berufliche Karrieren zu verfolgen und*
- *volle Integration in das wirtschaftliche, politische, soziale, kulturelle und schulische Leben der amerikanischen Gesellschaft zu genießen."*

Ich würde mir wünschen, dass ein deutsches Rehabilitationsgesetz so beginnt und wir diese Zielsetzungen in der Behindertenhilfe ernst nehmen und praktisch umsetzen würden. Die Inklusion behinderter Menschen in die Gesellschaft wird in den USA vor allem als Bürgerrechtsfrage und nicht nur als pädagogische Zielsetzung gesehen.

Veränderungen in der Behindertenpolitik in Deutschland

Ich plädiere dafür, auch hierzulande die Dimension von gleichberechtigter gesellschaftlicher Teilhabe als verfassungsgemäßes Bürgerrecht stärker in den Vordergrund der Diskussion zu stellen. Dies ist in den letzten Jahren erfreulicher Weise auch gesehen:
Die Aktion Grundgesetz ist eine öffentliche Aktions- und Aufklärungskampagne für die Gleichberechtigung von Menschen mit Behinderung, die die frühere Aktion Sorgenkind mit über 100 Behindertenverbänden seit 1997 durchgeführt hat. Die seit vielen Jahren bekannte Lotterie „Aktion Sorgenkind“ hat im Jahr 2000 dann auch nach langer Diskussion den Namenswechsel zu „Aktion Mensch“ vollzogen. Dies zeigt den beginnenden notwendigen Paradigmenwechsel von barmherziger Fürsorge für „Sorgenkinder“ zu einem rechtebezogenen Ansatz der Herstellung von Chancengleichheit.
„Niemand soll aufgrund seiner Behinderung benachteiligt werden“. Die Verankerung des Verbotes der Benachteiligung von Menschen wegen ihrer Behinderung in Artikel 3 des Grundgesetzes im Jahre 1994 ist ein wichtiger Schritt zur Neuorientierung des gesellschaftlichen Umganges mit Behinderung.
Seit dem Jahr 2002 gibt es ein Bundesgesetz zur Gleichstellung behinderter Menschen und in Folge zahlreiche Landesgleichstellungsgesetze. Die Gleichstellungsge-

[24] Rehabilitation Act Amendments of 1992, Public Law 102-589

setze konkretisieren das Benachteiligungsverbot im Grundgesetz auf Bundes- bzw. Landesebene. Sie definieren Behinderung und Barrierefreiheit und binden zwar zunächst nur die öffentliche Verwaltung, ermöglichen aber z. B. durch das Abschließen von Zielvereinbarung von Behindertenverbänden mit bestimmten Branchen und das Verbandsklagerecht die Barrierefreiheit öffentlich zu thematisieren. Es wird sich zeigen, inwieweit diese Instrumente zu einer konkreten Verbesserung der Lebenssituation von Menschen mit Beeinträchtigungen vor Ort sowie auf Landes- und Bundesebene genutzt wird.

Auch das seit dem Jahr 2001 neue Sozialgesetzbuch IX zur Rehabilitation und Teilhabe behinderter Menschen (SGB IX) setzt einen klaren Schwerpunkt auf Selbstbestimmung und Teilhabe. Jemanden gegen seinen Willen in Einrichtungen statt im Gemeinwesen zu betreuen, dürfte in Zukunft nur in besonders zu begründenden zwingenden Ausnahmefällen rechtlich möglich sein.[25]
Im August 2006 ist das Allgemeine Gleichbehandlungsgesetz (AGG) in Kraft getreten, das nun auch im Bereich des Arbeits- und Zivilrechts verbietet, z. B. bei Einstellungen, Mietverträgen oder dem Abschluss einer Versicherung eine Benachteiligung u.a. aufgrund einer Behinderung.

Die neue UN-Konvention über die Rechte von Menschen mit Beeinträchtigungen (UN 2006), die im Dezember 2008 von Deutschland ratifiziert wurde, wird eine weitere Veränderungen der deutschen Gesetze in Richtung Inklusion und gemeindenahe Dienstleistungen nach sich ziehen.

Ausgehend vom Recht eines jeden auf Selbstbestimmung und gleichberechtigte Teilhabe am Leben in der Gesellschaft (vgl. §1 SGB IX), muss zukünftig auch für behinderte Menschen die selbstverständliche Möglichkeit bestehen, ohne Barrieren am Leben in der Region teilzunehmen und die dafür notwendigen, individuell zugeschnittenen personenzentrierten Dienstleistungen zu erhalten. Die Eingliederungshilfe ist dabei, basierend auf dem Wunsch- und Wahlrecht des behinderten Menschen, von einer überwiegend einrichtungszentrierten Hilfe zu einer personenzentrierten Hilfe neu auszurichten[26], außerdem ist die Barrierefreiheit und gleichberechtigte Teilhabe aller BürgerInnen als Querschnittsaufgabe in allen Politikbereichen zu verankern. Ein solcher Veränderungsprozess muss sich vor Ort, in der konkreten Lebenssituation von Menschen und in der Ausgestaltung des Dienstleistungsangebots konkretisieren. Dies erfordert von den Handelnden neue Denkweisen und professionelle Strategien sowie eine Bereitschaft von Organisationen ihr Dienstleistungsangebot weiterzuentwickeln und von Leistungsträgern und der Politik dies aktiv zu unterstützen.

---

[25] Der Beauftragte der Bundesregierung für die Belange der Behinderten 1995

[26] Vgl. Vorschlagspapier der Bund-Länder-Arbeitsgruppe „Weiterentwicklung der Eingliederungshilfe für Menschen mit Behinderung“ der Arbeits-und Sozialministerkonferenz, November 2009

Mensch zuerst - Eintreten für eigene Rechte und Selbstbestimmung

Richtungsweisend bei der Hilfeplanung müssen in Zukunft stärker die Menschen mit Behinderung selbst sein. Menschen mit Behinderung selbst - und nicht mehr Platzzuweisungen der Leistungsträger - werden in Zukunft entscheiden, wer ihnen im Rahmen ihres Rechtsanspruches, z. B. innerhalb eines persönlichen Budgets, hilft. Viele Einrichtungen der Behindertenhilfe sind darauf nicht vorbereitet. Sie konnten sich bisher darauf verlassen, dass der behinderte Mensch real meist keine Alternative zu der für ihn vorgesehenen Betreuung hatte, egal ob er die angebotene Hilfe als für sich wirklich hilfreich empfand oder nicht. Der neue Maßstab sollte sein, dass wir Dienste entwickeln, die von denen, die wir unterstützen wollen, auch als wirklich hilfreich erlebt werden. NutzerInnenkontrolle sollte ein selbstverständlicher Bestandteil von Qualitätssicherung im Bereich der Behindertenhilfe sein.[27]
Auf einem Seminar berichteten körper- und mehrfachbehinderten Jugendliche ihre Erfahrung, dass das, was ihnen als Hilfe angeboten wurde, für sie oft eher diskriminierend war, dass sie sich klein gefühlt haben, dass sie das Gefühl hatten, sie müssten sich rechtfertigen und dass sie nicht das Gefühl hatten, dass die - sicherlich gut gemeinte - Hilfe, auch wirklich hilfreich für sie war.

Es gibt eine mittlerweile weltweite Selbstvertretungsbewegung, die sich „People First" – das bedeutet „Mensch zuerst" – nennt. Dies ist ein unterstützter Zusammenschluss von Menschen mit Lernschwierigkeiten. Der Name „People First" weist auf ihre Forderung hin, sie zuerst als Menschen und nicht als „Geistigbehinderte" zu sehen. Ziel der People First Gruppen ist es, für die eigenen Rechte einzutreten, sich gegenseitig zu helfen und etwas in ihrem Leben verbessern. Viele People First Gruppen werden von sogenannten „UnterstützerInnen" unterstützt, dies sind unabhängige Menschen, die der Gruppe bei der Organisation und Verwirklichung der Ziele der Gruppe hilft, ohne jedoch die inhaltliche Gestaltung zu beeinflussen.

Die Idee von People First[28] hat sich seit der Gründung der ersten People First Gruppe 1974 in Oregon in den USA auch auf andere Länder ausgeweitet. So gibt es People First Gruppen mittlerweile weltweit in 43 Ländern[29].
In Deutschland wurde in Folge der Lebenshilfetagung „Ich weiß doch selbst, was ich will" im Herbst 1994 im Rahmen des Modellprojekts „Wir vertreten uns selbst!"[30] von 1997 bis 2001 bundesweit der Aufbau von People First Gruppen unterstützt und zahlreiche Materialien herausgegeben. Seit 2001gibt es die bundesweite Selbstvertretungsorganisation „Mensch zuerst - Netzwerk People First Deutschland e.V."[31] und zahlreiche lokale Mensch- zuerst-Gruppen. Sie unterstützen sich gegenseitig, unternehmen etwas gemeinsam und sind politisch aktiv. Sie sind bei Anhörungen auf der politischen Ebene, bei Tagungen und Seminaren als ReferentInnen vertreten, entwickeln Materialien in Leichter Sprache und führen verschiedene Projekte, z.B. zum Thema „Wohnen, wie ich will" oder Gesundheit, durch. In den letzten Jahren hat es mehrere große bundesweite People First Tagungen gegeben.

---

[27] GROMANN 1996
[28] PEOPLE FIRST 1995, GÖBEL 1995, ROCK 1996
[29] http://www.peoplefirstsv.com/people_first_history.htm
[30] WIR VERTRETEN UNS SELBST 2002
[31] Kontaktadresse: Mensch zuerst - Netzwerk People First Deutschland e.V., Samuel-Beckett-Anlage 6 34119 Kassel, Tel. 0561 - 7 28 85 320, Internet: www.menschzuerst.de

Im Jahre 2002 wurde ein Forderungskatalog[32] mit verschiedenen Themenbereichen erstellt, der u.a. folgende Forderungen enthält:

Forderungen von Mensch zuerst

1. Forderungen für den Bereich Arbeit
- Wir wollen uns aussuchen, wo und was wir arbeiten.
- Wir wollen mehr „normale" Arbeitsplätze in der freien Wirtschaft.
- Wir wollen das Recht auf Unterstützung am Arbeitsplatz und in der Ausbildung.
- Wir wollen als richtige Kollegen behandelt werden.
- Wir wollen gerechten Lohn.

2. Forderungen für den Bereich Wohnen
- Wir wollen uns aussuchen können, wo wir wohnen und wie wir wohnen.
- Wir wollen mehr gute Unterstützung, auch in unserer eigenen Wohnung.
- Wir wollen in Wohneinrichtungen selber bestimmen, mit wem wir wohnen und wie unser Zimmer aussieht, was wir am Tag machen und wann wir es machen.

3. Forderungen für Partnerschaft und Elternschaft
- Wir haben das Recht, auch Beziehungen zu haben und mit unseren Partnern zusammenzuleben.
- Wir wollen auch heiraten dürfen.
- Wir wollen auch Kinder haben dürfen und selber entscheiden, ob wir Kinder haben oder nicht.

4. Forderungen für Frauen mit verschiedenen Fähigkeiten
- Wir wollen vor Missbrauch und Gewalt geschützt werden. Es soll strengere Strafen für Leute geben, die uns missbrauchen oder uns Gewalt antun.
- Es darf nicht erlaubt sein, dass wir sterilisiert werden, ohne dass wir gefragt werden.
- Wir brauchen Räume, in denen wir Frauen uns treffen können.

5. Forderungen für die Freizeit
- Wir wollen auch mit anderen zusammen was machen.
- Wir wollen Freizeitangebote auch bezahlen können oder weniger Eintritt zahlen.
- Wir wollen wissen, welche Freizeitangebote es gibt. Deshalb sollen die Programme zum Beispiel in leichter Sprache geschrieben werden.

6. Allgemeine Forderungen an Gesellschaft und Politik
- Wir wollen kein Mitleid. Wir wollen akzeptiert sein.
- Wir wollen nicht, dass über uns gesprochen wird, man soll mit uns sprechen.
- Wir haben auch das Recht zu leben. Behinderte Kinder sollen nicht getötet werden.
- Wir wollen mit nichtbehinderten Kindern zusammen in den Kindergarten und die Schule gehen. Wir wollen mit Nichtbehinderten zusammen arbeiten. Wir wollen nicht automatisch in Sonderschulen oder Werkstätten gehen müssen.
- Wir wollen unsere Rechte kennen. Wir wollen, dass uns unsere Rechte erklärt werden. Alle wichtigen Gesetze und unsere Rechte soll es auch in leichter Sprache geben, damit wir sie auch verstehen.

---

[32] NETZWERK PEOPLE FIRST DEUTSCHLAND 2002

Das Recht behinderter Menschen auf Inklusion, d.h. selbstverständlich in allen Bereichen des gesellschaftlichen Lebens teilzuhaben und das Ernstnehmen jeder einzelnen Person sind für mich wichtige Ausgangspunkte, um zu einer neuen Form der Teilhabeplanung mit Menschen mit Beeinträchtigungen zu kommen.

Inklusion

Das politische Leitziel der Inklusion meint die Teilhabe *aller* Menschen im Gemeinwesen und will Ausgrenzung aufgrund von Unterschiedlichkeit wie z. B. Behinderung, ethnischer Hintergrund, Geschlecht, Alter oder Leistungsfähigkeit verhindern.[33]

Der Begriff der Inklusion ist mittlerweile im Behindertenbereich in aller Munde. Oftmals wird der bislang geläufige Begriff der Integration einfach durch den „modernen" Begriff der Inklusion ausgetauscht. Doch diese Umetikettierung ignoriert den innovativen Kern des Inklusionsbegriffes. Inklusion meint die gleichberechtigte Teilhabe *aller* in ihrer Verschiedenheit in allen Lebensbereichen. Niemand soll ausgesondert werden, weil er anders ist. Es geht aber nicht alleine, um die Teilhabe von Menschen mit Behinderung. Ebenso geht es um die gleichberechtigte Teilhabe von Menschen mit Migrationshintergrund, Menschen mit unterschiedlicher sexueller Orientierung, Menschen mit unterschiedlichen religiösen Bekenntnissen, junge und alte Menschen, Frauen und Männer, Menschen mit und ohne Kinder – also um alle Menschen in ihrer Unterschiedlichkeit.

Inklusion lässt sich auf individueller Ebene als die Verwirklichung von persönlich bedeutsamen Lebenszielen und Teilhabe in allen relevanten gesellschaftlichen Bereichen beschreiben. Inklusion verweist aber auch auf das Gemeinwesen, den sozialen Nahraum, indem Teilhabe gelebt werden soll. Inklusion muss deshalb im sozialen Nahraum beginnen, Erfahrungen von gelingender Vielfalt und Toleranz von Unterschiedlichkeit ermöglichen und neue Formen der Unterstützung zielgruppenübergreifend dafür anbieten.

Persönliche Zukunftsplanung und Sozialraumorientierung sind zwei konzeptionelle und methodische Ansätze, die gut zu diesen Zielsetzungen passen und sich gegenseitig ergänzen. Persönliche Zukunftsplanung richtet dabei die Aufmerksamkeit zunächst auf das Individuum, versucht seine Stärken und Fähigkeiten, seine Ressourcen und Möglichkeiten, Zukunftswünsche zu erkunden und gemeinsam mit der Person Veränderung zu ermöglichen. Sozialraumorientierung nimmt hingegen gezielt die Möglichkeiten und Ressourcen des Gemeinwesens in den Blick und versucht sie für das Leben der dort Lebenden nutzbar zu machen. Beides ist notwendig, um Veränderung zu bewirken.

[33] der folgende Abschnitt ist entlehnt aus DOOSE 2010a

Ausgangspunkt: Plätze nah am Haus - Sozialraumorientierung

Das ***Konzept der Sozialraumorientierung*** richtet den Blick auf wesentliche Aspekte gelingender Inklusion: Die konsequente Orientierung an den Interessen und am Willen der unterstützten Person und die Nutzung der Ressourcen der Menschen und des Sozialraums. Das Konzept der Sozialraumorientierung kommt aus der Kinder- und Jugendhilfe und wird nun seit einiger Zeit auch verstärkt im Bereich der Behindertenhilfe diskutiert. Eine neue Form des gesellschaftlichen Umganges mit Menschen mit Behinderung kann meiner Ansicht nach nur aus dem Nahbereich erwachsen. Ein Zitat von Eleanor Roosevelt beschreibt diesen Zusammenhang für mich sehr eindrücklich:

„Und letztendlich kommt es doch immer auf dasselbe an, wenn wir über Menschenrechte sprechen. Es geht um die Plätze nah am Haus. So nah und so klein, dass sie auf keiner Weltkarte wiederzufinden sind. Doch ist genau dies die Welt eines jeden Individuums; die Nachbarschaft, in der wir wohnen; die Schule, in die wir gehen; die Fabrik, der Bauernhof oder das Büro, wo wir arbeiten. Das ist der Ort, wo jeder Mann, jede Frau oder jedes Kind die gleichen Rechte sucht, gleiche Chancen, Gleichbehandlung ohne Diskriminierung. Wenn diese Rechte dort nichts bedeuten, dann bedeuten sie auch anderswo nichts. Ohne gezieltes Handeln von jedem, der sich dem verbunden fühlt, dies im Nahbereich zu verwirklichen, hat es wenig Sinn, nach einem derartigen Fortschritt für den Rest der Welt zu streben.“ [34]

Die methodischen Prinzipien der Sozialraumorientierung sind[35]:

(1) Orientierung an den Interessen und am Willen
(2) Unterstützung von Eigeninitiative und Selbsthilfe
(3) Nutzung der Ressourcen der Menschen und des Sozialraums
(4) Zielgruppen- und bereichsübergreifender Ansatz
(5) Kooperation und Koordination

Diese Prinzipien passen sehr gut zur Leitorientierung der Inklusion und zu der Persönlichen Zukunftsplanung. Das Konzept der Sozialraumorientierung bietet außerdem eine Vielfalt von methodischen Ideen zur Nutzung der Ressourcen im Sozialraum[36].
Das Konzept der Sozialraumorientierung verweist dabei mit dem SONI-Modell auf vier bedeutsame Ebenen[37]:

(1) **S**ozialstrukturelle-sozialpolitische Ebene
(2) **O**rganisationsebene
(3) **N**etzwerksebene
(4) **I**ndividuelle Ebene

Auf der ***individuellen Ebene*** geht es darum, orientiert an den Interessen und am Willen der Person, Kompetenzen und Spielräume zu vergrößern, Zugang zu Ressourcen zu ermöglichen und persönliche Ziele zu erreichen. Persönliche Zukunfts-

---

[34] Eleanor Roosevelt zitiert nach VON LÜPKE 1994, 8
[35] HINTE/TREEß 2007, S. 45 ff
[36] vgl. FRÜCHTEL, CYPRIAN, BUDDE 2007b
[37] vgl. FRÜCHTEL, CYPRIAN, BUDDE 2007a

planung bietet sich als methodischer Zugang zu individuellen Veränderungsprozessen an.

Auf der ***Netzwerkebene*** geht es einerseits darum die persönlichen und professionellen Netzwerke einer Person zu nutzen. Die persönlichen Netzwerke von Menschen mit Behinderung sind dabei manchmal klein, belastet, löchrig oder gar bewusst gekappt worden. Das professionelle Netzwerk nimmt vielfach einen immer größer werdenden Raum im sozialen Umfeld der Person ein. Dennoch sind auch diese Verbindungen häufig nur teilweise miteinander verbunden, stehen in Spannungsverhältnissen zueinander und sind nicht immer tragfähig. Es geht auf dieser Ebene darum, die Person zu unterstützen, ihre Netzwerke zu nutzen, ggf. neu aufzubauen, zu (re-) aktivieren, zu pflegen, zu entlasten und zu koordinieren. Ein methodischer Zugang zu dieser Vernetzung im Einzelfall sind selbst gewählte Unterstützungskreise, in denen von der planenden Person ausgewählte Menschen aus dem persönlichen und professionellen Bereich, die Person bei ihrer Persönlichen Zukunftsplanung und deren Umsetzung unterstützen.
Auf der Netzwerkebene geht es aber anderseits auch darum, träger- und zielgruppenübergreifende Vernetzungsstrukturen zu nutzen. Dabei geht es neben den zumeist vorhandenen, trägerübergreifenden, zielgruppenspezifischen Vernetzungstrukturen, darum zielgruppenübergreifend sich im Sinne von Gemeinwesenarbeit in die Gestaltung des regionalen Gemeinwesens für alle Bürger einzubringen.

Auf der ***Organisationsebene*** geht es darum basierend auf den individuellen Zukunftsplänen der unterstützten Menschen personenzentrierte Dienstleistungen im Gemeinwesen anzubieten und weiterzuentwickeln. Ein wichtiges Kriterium ist dabei, ob die Unterstützung von den Unterstützten auch als wirklich hilfreich zur Erreichung ihrer persönlichen Ziele wahrgenommen wird und zu einer größeren Teilhabe im Gemeinwesen beiträgt. Es macht keinen Sinn Persönliche Zukunftsplanung in einer Organisation einzuführen, wenn diese sich nicht als lernende Organisation begreift, die auf der Basis der persönlichen Zukunftspläne ihr Unterstützungsangebot flexibel gestaltet und weiterentwickelt. Ein methodischer Zugang ist zum Beispiel aus den persönlichen Zukunftsplanungen im Rahmen eines Strategietages mit allen Beteiligten, Themen und Herausforderungen für die weitere Entwicklung des Unterstützungssystems der Organisation und der Region zu identifizieren[38]. Methoden der persönlichen Zukunftsplanung wie PATH[39] können nicht nur auf der Ebene der Person, sondern auch für die Entwicklung von Projekten und Organisationen genutzt werden.

Auf der ***sozialstrukturellen-sozialpolitischen Ebene*** geht es darum, die gesetzlichen Grundlagen und strukturellen Voraussetzungen für ein inklusives, barrierefreies Gemeinwesen und ein personenzentriertes Hilfesystem zu schaffen. Die UN-Konvention über die Rechte von Menschen mit Beeinträchtigungen wird in den nächsten Jahren ein wichtiger Bezugspunkt sein, um die Dienstleistungen für Menschen mit Beeinträchtigungen gemeindenäher und betrieblicher auszurichten. Die Eingliederungshilfe ist dabei, basierend auf dem Wunsch- und Wahlrecht des behinderten Menschen, von einer überwiegend einrichtungszentrierten Hilfe zu einer personenzentrierten Hilfe neu zu justieren[40]. Die Weiterentwicklung von Inklusion bedarf eines koordinierten politischen Vorgehens im Sinne einer regionalen Teilhabepla-

---

[38] BENNET/SANDERSON 2010
[39] O'BRIEN, PEARPOINT, KAHN 2010
[40] vgl. ASMK 2009

nung[41], um Inklusion in allen Politikbereichen zum wirksamen politischen Leitziel zu machen, Barrieren abzubauen und Dienstleistungen und Bildung inklusiv auszurichten.

Bereiche Persönlicher Zukunftsplanung

Bei der Persönlichen Zukunftsplanung geht es um die Gestaltung der Lebensräume „nah am Haus". Wie möchtest du leben? Wovon träumst du? Was soll aus dir werden? Dieses sind Beispiele für Leitfragen innerhalb von persönlicher Zukunftsplanung. Viele dieser Fragen sollten offene Fragen im guten Sinne sein, Such- und Orientierungsfragen innerhalb eines gemeinsamen Prozesses.

Abb. 1: Die Ausgangsfrage

Persönliche Zukunftsplanung bietet sich immer dann besonders an, wenn sich die Lebenssituation verändert (z. B. Übergang von der Schule in den Beruf, Auszug von zu Hause, aus der Wohngruppe) oder verändern soll. Sie kann z. B. folgende Bereiche umfassen:

Bereiche Persönlicher Zukunftsplanung:

- Bildung, Schule
- Arbeit
- Freizeit
- Familie
- Wohnen (WG, Wohnheim, Wohngruppe, eigene Wohnung)
- Selbstvertretung

41 vgl. ROHRMANN 2009

Kriterien Persönlicher Zukunftsplanung

Institutionelle Hilfeplanung versus Persönlicher Zukunftsplanung

Persönliche Zukunftsplanung stellt eine neue Form der Planung der Unterstützung mit Menschen mit Behinderung dar. Die traditionelle Hilfeplanung in der Behindertenhilfe wird als eine eher institutionelle Hilfeplanung charakterisiert, dem die veränderte Sichtweise der Persönlichen Zukunftsplanung entgegengestellt wird. In den letzten Jahren hat sich eine Praxis individueller Hilfeplanung[42] entwickelt, die zwischen diesen Polen zu verorten ist. Folgende Gegenüberstellung von institutioneller Hilfeplanung und Persönlicher Zukunftsplanung soll die unterschiedlichen Zugänge verdeutlichen:

Institutionelle Hilfeplanung	**Persönliche Zukunftsplanung**
• Orientierung an Behinderung	• Orientierung an der individuellen Person
• Betonung von Defiziten und Bedürfnissen	• Suche nach Fähigkeiten und Stärken
• Ziel: oft Reduzierung von negativen Verhaltensweisen	• Ziel: Erweiterung der Lebensqualität
• Hilfeplanung abhängig vom professionellen Urteil, oft standardisierte Tests und Begutachtungen	• Hilfeplanung abhängig von der Person, Familie, Freunde und Fachleuten, verlangt mit der Person Zeit zu verbringen, um sie kennen zu lernen, und gemeinsam eine gute Beschreibung zu erarbeiten
• Schriftliche Berichte	• "Geschichten", Episoden von Menschen, die die Person gut kennen
• Sieht die Person im Kontext der verfügbaren Maßnahmen und Behinderteneinrichtungen, dies sind oft Lebensräume speziell für Menschen mit Beeinträchtigungen	• Sieht die Person im Kontext des regulären Lebens in der Region
• Professionelle Distanz durch Betonung der Unterschiede	• Bringt Menschen zusammen durch die Identifizierung von Gemeinsamkeiten
• Staatlich geregelte Verfahrensweisen, Blickrichtung Kostenträger	• Verfahrensweise nicht vorgeschrieben, Blickrichtung planende Person
• Person ist an der Erstellung der Hilfeplanung (oft nur teilweise) beteiligt	• Person steuert den Plan und die Aktivitäten
• Zielrichtung: Stärkung und Ausbau der Institution durch Angebot geeigneter Maßnahmen	• Zielrichtung: Stärkung und Verwirklichung der Ziele des Planenden durch das Angebot geeigneter individueller Maßnahmen, lernende Organisation

Orientierung an Behinderung

Die traditionelle Hilfeplanung in der Behindertenhilfe ist behinderungsorientiert. Dem liegt die Annahme zugrunde, es sei besonders wichtig zu wissen, welche Behinderung jemand hat, um ihm seiner Behinderung entsprechende Bildungs-, Wohn-, Arbeits- und Freizeitangebote zu machen. Dies zeigt sich an verschiedenen Punkten:

- So werden Pädagogen als Sonderpädagogen für bestimmte Behinderungsarten ausgebildet.
- So gibt es viele Einrichtungen und Maßnahmen, die erstens nur für Menschen mit Beeinträchtigungen und zweitens wiederum nur für eine bestimmte Behinderungsart angeboten werden: Kindergärten, Schulen, Wohnheime, Werkstätten,

[42] Lebenshilfe Wien 1994, Ev. Stiftung Alsterdorf 1999, Beck, Lübbe 2002, Landschaftsverband Rheinland 2010, Ministerium für Arbeit, Soziales, Familie und Gesundheit des Landes Rheinland-Pfalz 2005, Gromann 2010, Deutscher Verein für öffentliche und private Fürsorge 2009

Arbeitsassistenz, Freizeitklubs, Beratungsstellen, die nur Menschen mit geistiger Behinderung offenstehen sind ein Beispiel dafür. In Deutschland gibt es allein 10 verschiedene Sonderschularten für die unterschiedlichsten Behinderungsarten.

- Um Zugang zu gewissen Hilfestrukturen zu bekommen, muss ich als Folge daraus eine entsprechende, offiziell ausgewiesene Behinderung mitbringen. Man kann beispielsweise nicht ohne weiteres von der Hamburger Arbeitsassistenz, einem Integrationsfachdienst für Menschen mit Behinderung, begleitet werden, wenn man nicht vom Versorgungsamt als „geistig behindert" eingestuft ist, selbst wenn man die Unterstützung am Arbeitsplatz benötigen würde. Eine Vorlesekraft kann man nur bekommen, wenn man blind ist, auch wenn man z. B. als Analphabet oder Mensch mit Lernschwierigkeiten dieselbe Hilfe gebrauchen könnte.

Die These der traditionellen Behindertenpädagogik ist also, dass z. B. das Merkmal „Geistige Behinderung" etwas aussagt, wie der so Bezeichnete wohnen will oder muss, was und wie er lernen kann, wie und mit wem er seine Freizeit verbringt und welcher Beruf für ihn in Frage kommt und welche Unterstützung er in all diesen Bereichen benötigt. Die Behinderungsart wird somit bestimmend für die Möglichkeiten der Lebensgestaltung.

Orientierung an der individuellen Person

Persönliche Zukunftsplanung verweist darauf, dass es wichtig ist, die einzelne Person zu sehen. Die Aussage „geistige Behinderung" dagegen abstrahiert von der Individualität und Subjekthaftigkeit einer Person, wie FEUSER in seinem Aufsatz „Geistigbehinderte gibt es nicht" richtig feststellt.[43]
Die Gruppe der beispielsweise mit dem Etikett „geistig behindert" Versehenen ist außerdem sehr heterogen. Menschen mit der gleichen Behinderung haben derart unterschiedliche Interessen, Neigungen, Stärken und Eigenschaften wie die Gruppe der Nichtbehinderten, dass es *den* „Geistigbehinderten", *den* „Körperbehinderten", *den* „Autisten" oder *den* „psychisch Behinderten" in der Realität nicht gibt.
Persönliche Zukunftsplanung sieht den einzelnen Menschen als einzigartiges Individuum mit seinen Fähigkeiten, Stärken, Interessen und Träumen.

Betonung von Defiziten und Bedürfnissen

Die klassische Hilfeplanung im Behindertenbereich setzt bei den Defiziten und unterstellten Schutzbedürfnissen einer Person mit Behinderung an. Wir sind professionell darin einen Blick zu haben, wo die Defizite von jemandem liegen und als nächstes einen Plan aufzustellen, wie er an den Defiziten arbeiten kann.
Wenn ich mir diese professionellen „Gut-Achten" ansehe, vermisse ich häufig das sorgsame Achten des Guten, der Fähigkeiten und Stärken. Ich frage mich, wie es Ihnen gehen würde, wenn Sie von ihrem Arbeitgeber ein Zeugnis bekämen, in dem ausschließlich das stehen würde, was Sie nicht können. Sie würden wahrscheinlich Wut entbrannt zum Arbeitgeber gehen und sich über diese Unverschämtheit beschweren. Für Menschen mit Behinderung sind dagegen sogenannte Gutachten übliche Praxis, die eher den Charakter von „Schlecht-Achten" haben und die die Defizite und Auffälligkeiten der Person auflisten. Der Zugang zu Fördermitteln ist z. B. in der Regel so gestaltet, dass ich die Behinderung und Defizite einer Person besonders betonen muss, um sie weiterhin unterstützen zu können (Etikettierungs-Ressourcen-Dilemma[44]).

---

[43] FEUSER 1996
[44] vgl. WOCKEN 1996

Betonung von Interessen und Fähigkeiten

Persönliche Zukunftsplanung geht davon aus, dass wir Möglichkeiten für Menschen z. B. im Arbeits- und Freizeitbereich eher finden, wenn wir wissen, was eine Person interessiert, wo ihre Motivation liegt, was denn ihre Fähigkeiten und Stärken sind, bei alledem was sie auch nicht kann. Wenn Sie versuchen würden, eine Liste von den Dingen aufzustellen, die Sie nicht können, würde sie wahrscheinlich unendlich lang werden. So sprechen die meisten von uns mehr Sprachen der Welt nicht, als wir sprechen können. Wenn wir, bei all den Dingen, die wir nicht können, dennoch einigermaßen glücklich und erfolgreich im Leben sind, liegt das daran, dass wir unsere Fähigkeiten, Interessen und Möglichkeiten nutzen und die Dinge tun, die dem nahe kommen.

Ziel der Planung: Reduzierung von negativen Verhaltensweisen

Das Ziel der traditionellen Hilfeplanung in Einrichtungen ist häufig, negative Verhaltensweisen zu reduzieren. Die Person mit Behinderung soll beispielsweise nicht mehr aggressiv sein, weglaufen oder unordentlich sein.

Ziel der Planung: Erweiterung von Lebensqualität

Persönliche Zukunftsplanung zielt darauf ab, die Lebensqualität der Person zu verbessern und neue Rollen und Verhaltensweisen kennenzulernen und deren Erwerb zu unterstützen.

Hilfeplanung auf der Basis von professionellem Urteil durch Gutachten, Tests, Berichte

Traditionelle Hilfeplanung ist abhängig vom professionellen Urteil, z. B. in Form von standardisierten Tests, Begutachtungen und schriftlichen Berichten.
Gutachter verbringen oft nur kurze Zeit mit der Person mit Behinderung, um dann ein diagnostisches Urteil über sie zu fällen. Wenn man einige Gutachten betrachtet, hat man oft den Eindruck, dass sie mehr über die Person aussagen, die das Gutachten geschrieben hat, als über die beschriebene Person mit Behinderung.
Das Problem bei diesen Gutachten ist, dass sie die Zukunft eines Menschen mit Behinderung bestimmen dürfen. Auf der Grundlage eines statusdiagnostischen Blickes auf die Defizite und Beeinträchtigungen der Person wird prognostiziert, was in Zukunft von ihr zu erwarten sei. Traditioneller Weise ist man davon ausgegangen, dass von Menschen mit Behinderung nicht allzu viel zu erwarten sei. Dies führte dann in der Folge zur Reduzierung ihrer Erfahrungs- und Entwicklungsmöglichkeiten.

Tests sind meist auch keine Hilfe dabei zu erkennen, wie die Zukunft einer Person aussehen könnte. Ich habe vor einigen Jahren eine junge Frau in einer Wohngruppe des Rauhen Hauses betreut, die zum Eignungstest bei der Agentur für Arbeit musste. Die Absicht dieses Tests war es, ihr zu helfen, eine berufliche Perspektive zu finden. Der Psychologe bei der Agentur für Arbeit erklärte ihr einige Wochen später, sicherlich sehr vorsichtig und einfühlsam, dass sie eigentlich in allen Bereichen erhebliche Defizite verglichen mit der Normalbevölkerung habe. Die junge Frau brachte das professionelle Urteil über sie sehr gut auf einen Punkt, indem sie fragte: „Sie meinen also, dass ich wieder zurück in den Kindergarten gehen soll?“ Diese Geschichte macht für mich deutlich, wie wir in der Absicht, Zukunftsperspektiven für eine Person zu entwickeln, die Menschen so klein machen können, dass sie sich wieder als Kindergartenkinder fühlen. Die Frage ist, wie wir Methoden der Hilfeplanung entwickeln können, die Menschen stärken statt klein machen.

Persönliche Zukunftsplanung als informeller Prozess gegenseitigen Kennenlernens

Persönliche Zukunftsplanung geht einen anderen Weg. Sie möchte die Person stärken und ihre Möglichkeiten erkunden. Persönliche Zukunftsplanung ist ein Prozess und keine Momentaufnahme. Pläne dürfen sich ändern, man ist nicht auf seine erste Erkenntnis festgelegt. Es geht gerade darum, neue Dinge zu erkunden und auszuprobieren. Jeder kann beeindruckende Geschichten erzählen, was passiert, wenn man jemandem etwas zutraut. Menschen entwickeln sich anders, als wir es uns in unseren Prognosen haben vorstellen können. Im Bereich der Unterstützten Beschäftigung haben wir etliche Beispiele dafür, dass Gruppenleiter in Werkstätten ihren Mitarbeitern nie zugetraut haben, in einem regulären Betrieb zu arbeiten, diese mit Unterstützung dann dort nachher aber sehr erfolgreich waren[45].

Persönliche Zukunftsplanung wird bestimmt von der planenden Person mit Behinderung, unter Einbeziehung von der Familie, FreundInnen und Fachleuten. Es kommt darauf an, die verschiedenen Perspektiven zu nutzen, um ein Bild von der Person zu bekommen. Das Bild fügt sich zusammen, indem ich eine Person kennenlerne und mit ihr Zeit verbringe. Geschichten und Episoden von Menschen, die die Person gut kennen, sind wichtige Bestandteile in dem Puzzle der Zukunftsplanung.

Wichtig ist in diesem Zusammenhang, übliche Verwechslungen zu vermeiden:

Selbst wenn ich auf intensive Unterstützung angewiesen bin, habe ich das Recht trotzdem selbst die in meinem Leben wichtigen Dinge zu entscheiden. Selbstständigkeit ist keine Voraussetzung von Selbstbestimmung und Selbstständigkeit heißt auch nicht, Dinge alleine zu tun.

Informelle Kontakte werden als besonders wichtig erachtet. Viele der Möglichkeiten, die sich in unserem Leben auftun, haben wir über informelle Kontakte erschlossen. Wir hören von KollegInnen von einer unausgeschriebenen Stelle oder lassen uns von unserem Nachbarn für ein neues Hobby begeistern. Für Menschen mit Beeinträchtigungen haben wir uns in der Vergangenheit oft übermäßig auf das formelle Hilfesystem verlassen.

Person im Kontext von Einrichtungen und Maßnahmen

Institutionelle Hilfeplanung ist geprägt durch ein Denken in speziellen Einrichtungen und Maßnahmen für Menschen mit bestimmten Beeinträchtigungen. Dies führt dazu, dass Wahlmöglichkeiten eingeschränkt werden, weil es bestimmte, für eine Behinderung zuständige, spezielle Einrichtungen oder Stellen gibt. Der nordamerikanische Behindertenpädagoge Wolfensberger soll einmal gesagt haben: *„Immer wenn wir im Behindertenbereich ein Problem entdecken, setzen wir ihm ein Denkmal und bauen ein Gebäude.“* Diese Aussage charakterisiert meiner Ansicht nach zutreffend die traditionelle Behindertenhilfe in Deutschland. Wir haben viele, im weltweiten Vergleich sehr gut ausgestattete Gebäude für jede Problemlage im Leben eines behinderten Menschen.

Gebäude haben mehrere Vorteile:

- in ihnen lässt sich die erkannte Problemgruppe räumlich begrenzen,
- man kann sie besichtigen und als Beispiel des eigenen behindertenpolitischen Engagements vorzeigen,
- sie sind verwaltungsmäßig planbar.

Dass das Denken in der Behindertenhilfe bis vor einigen Jahren auf Gebäude beschränkt war, lässt sich gut an einigen Regelungen erkennen, die stationäre und teil-

[45] vgl. DOOSE 2012

stationäre Maßnahmen gegenüber ambulanten Hilfen bevorzugen. So ist die Einkommensfreigrenze für Eltern, deren behinderte erwachsene Kinder im Wohnheim betreut werden, erheblich höher, als wenn diese ambulant im eigenen Wohnraum betreut werden. Die Rentenversicherung in der Werkstatt für behinderte Menschen unterliegt einer besonders günstigen Regelung, die verloren geht, sobald der behinderte Mitarbeiter in einem regulären Betrieb ambulant unterstützt wird.
Institutionelle Hilfeplanung sieht die Person also im Kontext der verfügbaren Maßnahmen und Behinderteneinrichtungen. Dies sind oft Lebensräume speziell für Menschen mit Beeinträchtigungen. Ziele, die nicht mit den vorhanden Maßnahmen und den Ressourcen der Institution erreichbar sind, gelten als für die Person nicht erreichbar.

Person im Kontext des regulären Lebens in der Region

Persönliche Zukunftsplanung sieht die Person im Kontext des regulären Lebens in der Region, des Stadtteiles – des Sozialraums. Die Frage ist z. B., welche Möglichkeiten und Hilfen normalerweise eine Person in der Region zur Verfügung hätte und wie man diese nutzen, zugänglich machen und gegebenenfalls erweitern und ergänzen kann.

Professionelle Distanz durch Betonung der Unterschiede

Institutionelle Hilfeplanung basiert auf professioneller Distanz durch Betonung der Unterschiede zwischen BetreuerInnen und Betreuten. In den Werkstätten für behinderte Menschen verstehen sich beispielsweise meist nicht alle dort arbeitenden Menschen, ob mit oder ohne Behinderung, als Kolleginnen und prinzipiell gleichberechtigte MitarbeiterInnen desselben Betriebes, sondern es gibt Angestellte und behinderte MitarbeiterInnen mit unterschiedlichem informellen und formellem Status, verschiedenen Toiletten und getrennten Mitarbeitervertretungen.

Gemeinsame Aktion durch Identifizierung von Gemeinsamkeiten

Persönliche Zukunftsplanung bringt Menschen zusammen durch die Identifizierung von Gemeinsamkeiten. Bei der Planung von möglichen Freizeitaktivitäten geht es z. B. darum, andere Leute zu finden, die auch gerne angeln, begeistert zum Dom gehen oder Volksmusik hören.

Staatlich geregelte Verfahrensweise, Blickrichtung Kostenträger

Institutionelle Hilfeplanung ist gekennzeichnet durch staatlich geregelte Verfahrensweisen. Berichte müssen in einem bestimmten zeitlichen Rhythmus abgegeben werden. Die Blickrichtung dieser Hilfeplanung und Evaluation des Erreichten wendet sich meist zum Kostenträger, der auf Grundlage der Berichte die Maßnahme weiter bewilligen soll. Die Berichte sind - etwas überspitzt dargestellt - zumeist nach einem ähnlichen Muster verfasst: „Karl hat die und die Defizite - wir haben uns bemüht und an den Defiziten gearbeitet - er hat leichte Fortschritte gemacht - die Defizite sind aber immer noch gravierend, so dass er unserer weiteren Hilfe bedarf". Diese Art der Auswertung der geleisteten Arbeit hat für die Institutionen den Vorteil, dass derjenige, der die Unterstützung des Menschen mit Behinderung erbringt, die Qualität der Unterstützung selbst bewertet. Ich habe selten Eingeständnisse von schlechter Unterstützung oder mangelhaften institutionellen Rahmenbedingungen als Ursache für die Nichterreichung eines gesteckten Zieles gelesen. Im Zweifelsfall kann die mangelnde Sozialkompetenz oder die Behinderung der unterstützten Person dann als Entschuldigung herhalten. Die unterstützte Arbeitnehmerin Linda Gaeke hat diese einseitige Vorgehensweise sehr gut auf den Punkt gebracht, indem sie sagte: *„Ich* *werde ständig getestet, begutachtet und bewertet, aber für mich gibt es keine Gelegenheit denselben Personen zu sagen, was hilfreich für mich ist und was nicht.“*[46]

Informeller Prozess, Blickrichtung planende Person

Persönliche Zukunftsplanung ist ein informeller, nicht vorgeschriebener Prozess. Im Blickpunkt steht die planende Person. Der Erfolg der Unterstützung muss sich daran messen lassen, ob die gesteckten Ziele erreicht wurden und sich die Lebensqualität der unterstützten Person subjektiv verbessert hat. Dazu wird die Planung mit der Person selber in regelmäßigen Abständen durchgegangen und aktualisiert. Die Qualität der Unterstützung wird also durch die unterstützte Person selbst bewertet. [47]

Beteiligung der Person mit Behinderung an der Hilfeplanung

In der traditionellen Form der Hilfeplanung in der Behindertenarbeit wird dagegen die Person mit Behinderung an der Aufstellung der Hilfeplanung lediglich mehr oder minder beteiligt. Selbst, wenn die Person dabei ist, ist noch nicht gewährleistet, dass sie ernst genommen, wertgeschätzt und im Mittelpunkt des Interesses steht. Oft werden Hilfeplanungstreffen oder Teilhabekonferenzen, wie sie neuerdings vielerorts heißen, eher als Vorladung, als Tribunal erlebt, als als hilfreiches Zusammentreffen von Unterstützern, die die Person bei der Umsetzung ihrer Pläne nach Kräften unterstützen. In einer Teilhabekonferenz, in der sich alle TeilnehmerInnen mit Namen und Funktion vorgestellt hatten, brachte die angebliche Hauptperson ihre Position auf dem Punkt, indem sie sich auch mit Namen vorstellte und hinzufügte: „Ich habe hier keine Funktion“. Das entsprach auch ziemlich genau dem Setting dieser Konferenz, in der Fachleute über die Person redeten und über ihren Kopf hinweg aushandelten, was wohl in ihrem Fall fachlich geboten sei.

Kontrolle des Person mit Behinderung über ihren Plan

Ein entscheidendes Moment der persönlichen Zukunftsplanung ist, dass die Person mit Behinderung ihren Plan und die Aktivitäten mit der notwendigen Unterstützung selbst steuert. Dazu braucht sie gute Informationen in verständlicher Sprache, echte Wahlmöglichkeiten und vor allem eine wertschätzende Atmosphäre, in der ihr die Kompetenz auch zugestanden wird über ihr Leben und die für sie passende Unterstützung auch selbst zu entscheiden.

Zielrichtung: Stärkung und Ausbau der Institution durch das Angebot geeigneter Maßnahmen

Die vorherrschende Zielrichtung einer institutionellen Hilfeplanung ist die Stärkung und Ausbau der Institution durch das Angebot geeigneter Maßnahmen. Welche Maßnahmen angeboten werden, richtet sich beispielsweise u.a. danach, in welchen Bereichen gerade Finanzierungsmöglichkeiten bestehen.

Zielrichtung: Stärkung und Verwirklichung der Ziele des Planenden durch das Angebot geeigneter, individueller Unterstützung

Persönliche Zukunftsplanung richtet sich auf die Stärkung und Verwirklichung der Ziele des Planenden durch das Angebot geeigneter individueller Unterstützung. Die Institutionen begreifen sich in diesem Zusammenhang als von den Menschen mit Behinderung lernende Organisationen.

---

[46] BROOKE 1992, 28

[47] vgl. auch ähnliche Hinweise und methodische Vorschläge zu einer systematischen Nutzerkontrolle in Einrichtungen der Behindertenhilfe bei GROMANN 1996, GROMANN/ NIEHOFF 2003

Verfahren und Grundsätze der Hilfe- und Teilhabeplanung

In den letzten Jahren hat sich eine Praxis individueller Hilfeplanung[48] entwickelt, die personenzentrierter geworden und zwischen klassischer institutioneller Hilfeplanung und Persönlicher Zukunftsplanung zu verorten ist. Schaut man sich bundesweit die Verfahren zur Hilfe- und Teilhabeplanung an, so stellt man fest, dass es über 60 verschiedene Verfahren zur Bedarfsermittlung gibt[49]. Verbreitete Verfahren sind:

- Hilfebedarf von Menschen mit Beeinträchtigungen im Bereich „Wohnen" (HMB-W) und im Bereich „Gestaltung des Tages" (HMB-T) – Metzler-Verfahren
- Integrierter Behandlungs- und Rehabilitationsplan (IBRP)[50]
- Individuelle Hilfe-/ Teilhabeplanung in Rheinland Pfalz[51]
- Individuelle Hilfeplanung (IHP 3) des Landschaftsverbands Rheinland[52]
- Integrierte Teilhabeplanung (ITP) in Hessen[53]

Verfahren zur Hilfe- und Teilhabeplanung sind in den letzten Jahren, so gestaltet worden, dass sie individueller die persönlichen Hilfebedarfe erfassen. Die Arbeits- und Sozialministerkonferenz hat im Rahmen der Reform der Eingliederungshilfe Grundsätze für eine zukünftige individuelle Hilfeplanung vorgelegt[54]:

a) transparent
b) alle Lebensbereiche berücksichtigend
c) interdisziplinär
d) konsensorientiert
e) individuell
f) lebensweltbezogen
g) zielorientiert

Diese Grundsätze stellen zweifelsohne einen Fortschritt im Hinblick auf eine bundesweit einheitlichere, individuelle Hilfeplanung dar. Auch sollen die Hilfe- oder Teilhabepläne, wie sie neuerdings zunehmend genannt werden, im Rahmen einer Hilfeplan- oder Teilhabekonferenz verabschiedet werden. So soll eine individuelle leistungsrechtliche Zuweisung von notwendigen Maßnahmen zur Erreichung von akzeptierten persönlichen Zielen gewährleistet werden. Welches persönliche Ziel eines Menschen mit Behinderung akzeptabel und welche Maßnahmen als notwendig erscheinen, bleibt letztendlich dem Urteil der zuständigen HilfeplanerIn des Leistungsträgers überlassen.

---

48 Lebenshilfe Wien 1994, Ev. Stiftung Alsterdorf 1999, Beck, Lübbe 2002, Landschaftsverband Rheinland 2010, Ministerium für Arbeit, Soziales, Familie und Gesundheit des Landes Rheinland-Pfalz 2005, Gromann 2010, Deutscher Verein für öffentliche und private Fürsorge 2009

49 vgl. Deutscher Verein für öffentliche und private Fürsorge 2009

50 www.ibrp-online.de

51 Ministerium für Arbeit, Soziales, Familie und Gesundheit in Rheinland Pfalz 2005

52 Landschaftsverband Rheinland 2010

53 Gromann 2010

54 AMSK 2010

Unterschiede zwischen individueller Hilfe- und Teilhabeplanung und Persönlicher Zukunftsplanung

Individuelle Hilfe- und Teilhabeplanung kann analog zur vorherigen Übersicht der institutionellen Hilfeplanung und Persönlichen Zukunftsplanung durch folgende Merkmale charakterisiert werden:

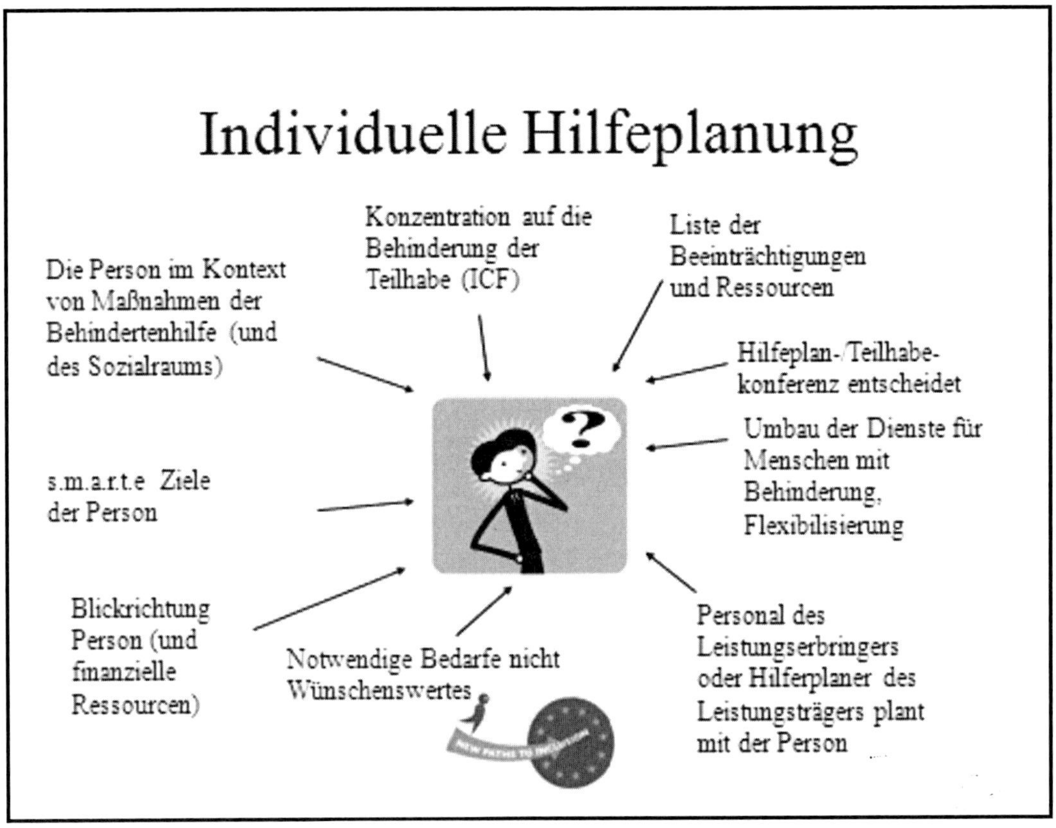

Die Unterschiede zwischen einer modernen, individuellen Hilfe- und Teilhabeplanung und Persönlicher Zukunftsplanung werden also geringer. Einige nutzen auch gezielt Methoden Persönlicher Zukunftsplanung, um die Bedarfe und Ziele mit der Person zu erkunden. Beide Verfahren lassen sich auch gut kombinieren, haben aber einen unterschiedlichen Charakter: Während Hilfeplanverfahren primär eine offizielle, leistungsrechtliche Steuerungsfunktion zur Zuweisung von Ressourcen haben, hat eine Persönliche Zukunftsplanung einen anderen Fokus. Persönliche Zukunftsplanung ist unabhängig von offiziellen Verfahren zur Hilfe- und Teilhabeplanung eine Methode, um eine Vorstellung von einer wünschenswerten Zukunft zu entwickeln und diese mit einem Unterstützungskreis dann umzusetzen. Persönliche Zukunftsplanung ist im Gegensatz zur Hilfeplanung freiwillig, wird mit einem selbst gewählten Kreis von vertrauten Unterstützerinnen durchgeführt und dient primär der Verbesserung der Lebensqualität und der Erreichung von Zielen der planenden Person. Eine Persönliche Zukunftsplanung mit der intensiven Beschäftigung mit der eigenen Person, den verschiedenen Möglichkeiten und Hindernissen, dem Herausfinden der persönlichen Ziele und mehreren Treffen mit einem Unterstützungskreis würde den Rahmen eines offiziellen Hilfeplanverfahrens in der Regel sprengen, gleichwohl kann eine Persönliche Zukunftsplanung eine hervorragende Vorbereitung für eine offizielle, individuelle Hilfeplanung sein. Deshalb schlägt GROMANN (2010) vor Persönliche Zukunftsplanung als eine der ersten Maßnahmen im Rahmen einer individuellen Teilhabeplanung zu bewilligen, wenn eine intensivere persönliche Planung gemacht werden soll.

Kernelemente Persönlicher Zukunftsplanung

Eckpunkte einer Persönlichen Zukunftsplanung: Wirklichkeit, Träume & Humor

Ich habe vor Jahren in einem Buch über Problemlösungstechniken[55] das Lin-Yutang Modell gefunden, das auf anregende Weise das Zusammenwirken dreier wichtiger Aspekte Persönlicher Zukunftsplanung veranschaulicht: Wirklichkeit, Träume und Humor.

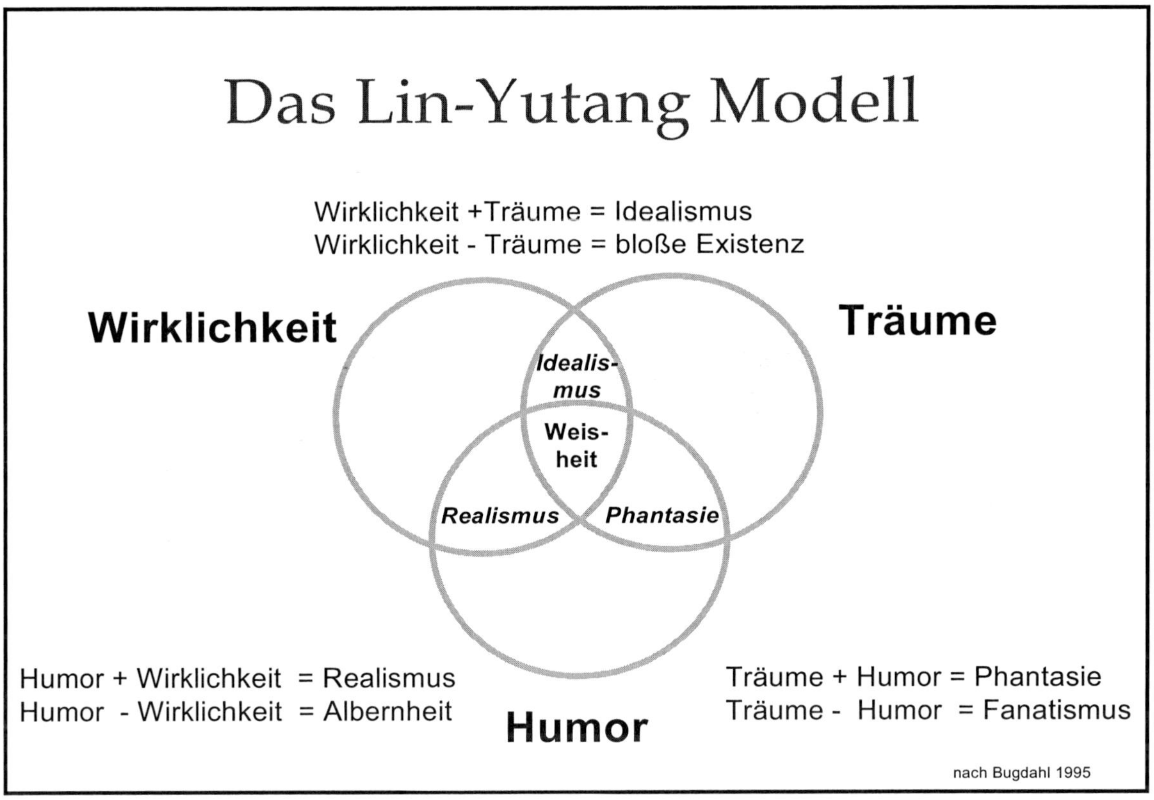

Für Lin Yutang ist der anzustrebende Zustand der Weisheit erreicht, wenn Wirklichkeit, Träume und Humor zusammenkommen. Fehlt eine Komponente, so kommt es zu ungünstigen Konstellationen: So ist Wirklichkeit ohne Träume für ihn bloße Existenz, sind Träume ohne Humor für ihn Fanatismus oder Humor ohne Wirklichkeit Albernheit. Ohne dieses Modell zu ernst nehmen zu wollen, finde ich es eine spannende Folie, vor der wir unsere Arbeit reflektieren können. Reduzieren wir nicht die Lebenssituation der von uns unterstützten Menschen mit Behinderung auf eine bloße Existenz, wenn wir Ihren Träumen nicht zuhören und nur die vermeintliche Wirklichkeit gelten lassen? Fehlen uns nicht manchmal der Humor und die Freude am Erfolg feiern in unserer Arbeit?

Ich will kurz auf die drei Aspekte und ihre Bedeutung für die Persönliche Zukunftsplanung eingehen:

---

[55] BUGDAHL 1995

Träume

Träume sind wichtig

Träume sind ein wichtiges Element in der Persönlichen Zukunftsplanung. In den Träumen liegen unsere kleinen und großen Ziele, unsere Visionen und die Quelle unserer Motivation. Sie sind eine wichtige Quelle unserer Inspiration. Nicht jeder Traum wird Wirklichkeit werden. Träume haben als Träume auf jeden Fall ihre Berechtigung. Ich wollte auch einmal Astronaut werden und bin es bisher nicht geworden - und trotzdem war es schöner Traum, den ich äußern durfte, ohne ausgelacht zu werden. Jede Person verdient einen Menschen, der an sie glaubt, ihre Träume ernst nimmt und sich für sie einsetzt.

Träume kann man nicht verbieten

In der traditionellen Hilfeplanung im Behindertenbereich werden Träume dagegen häufig als Problem gesehen. Es würde zu schmerzhaften Verletzungen führen, wenn wir die unterstützten Menschen mit Beeinträchtigungen nach ihren Träumen fragen würden. Damit würden Hoffnungen geweckt, die nie befriedigt werden können. Den hochfliegenden Träumen würde dann der viel schmerzhaftere Fall folgen. Es bestehe sowieso die Gefahr, dass einige der betreuten Menschen in Träume flüchten, um der unangenehmen Realität zu entgehen.

Doch ich frage: Träumen die von uns unterstützten Menschen nicht sowieso, auch wenn sie sich nicht trauen, uns ihre Träume zu erzählen? Ist es wünschenswert, den unterstützten Menschen das Träumen abzugewöhnen, bis sie ohne Erwartung, ohne Träume sind? Können nicht Träume, denen nicht nachgegangen werden darf und die so auch nicht abgearbeitet werden können, nicht eine Person auch blockieren, sich auf andere Wege einzulassen?

Ich kann mit Träumen unterschiedlich umgehen: Ich kann sie als schönen, aber unerreichbaren Traum stehen lassen, sie als Vision und Richtungsweiser nutzen, ihre Realisierungschancen konkret erkunden oder aus ihnen Ideen für andere mir wichtige Dinge bekommen.

Den Kern von Träumen erkunden

Eine Möglichkeit, innerhalb von Persönlicher Zukunftsplanung mit Träumen zu arbeiten, ist es den Kern zu erkunden:

Was reizt dich daran Astronaut zu werden? Ist es das Fliegen? Ist es etwas zu tun, was nur wenige Menschen getan haben? Ist es die Aufmerksamkeit, die du dann in deiner Stadt genießen würdest? Oder der Spaß im Umgang mit der Technik?

Das Erkunden dessen, was an dem Traum für die Person reizvoll ist, kann zu neuen Ideen führen. Wenn z. B. jemand U-Bahn-Wagenfahrer werden will, weil die Uniform so toll ist, kommt man vielleicht auf die Spur von anderen Arbeitsmöglichkeiten mit toller Uniform. Ich bin z. B. kein Astronaut geworden, habe aber Jahre später Drachenfliegen gelernt, was für mich die Grunderfahrung des Traumes vom Fliegen war. Es kann aber auch dazu führen, dass sich mein Traum eines Tages, vielleicht sogar unerwartet, verwirklicht. Mir hat einmal jemand gesagt: „Wenn du niemandem deinen Traum erzählst, kann ihn auch keiner erfüllen“. Seitdem erzähle ich dann und wann von meinen Träumen. Vielleicht hat jemand anderes eine gute Idee für mich, dem Traum ein Stück näher zu kommen. Darum geht es bei der Persönlichen Zukunftsplanung.

Träume in gangbare Schritte umwandeln

Eine weitere Möglichkeit ist, Träume in gangbare Schritte umzuwandeln. Was wäre denn der erste Schritt, wenn ich meinen Traum ernst nehmen würde? Wo erkundige ich mich, wenn ich Helferin im Kindergarten, Bäcker, Astronaut oder U-Bahn-Wagenfahrer werden will? Welche Voraussetzungen muss ich erfüllen? Muss ich vielleicht erst Lesen lernen oder einen Schulabschluss machen? Wichtig für einen solchen Prozess ist, Informationen zu sammeln, mit Leuten zu reden, Dinge auszuprobieren, um zu sehen, was ich erreichen kann und wo meine momentanen Grenzen sind.
Dinge ausprobieren zu können und zu sehen, ob sie einem wirklich gefallen und zu einem passen, ist ein wichtiger Schritt. Ich habe z. B. das Drachenfliegen letztendlich aufgeben müssen, da sich in einem Fortgeschrittenen - Lehrgang herausstellte, dass ich eine Rechts-Linksschwäche habe und im entscheidenden Moment auf Anweisung des Fluglehrers statt rechts links in den Baum geflogen bin. Ich habe mir dann klar gemacht, dass ich gerne auf Dauer körperlich unversehrt bleiben möchte und es in Norddeutschland sowieso keine Berge gibt, so dass ich lieber nicht mehr Drachen fliege. Aber ich möchte die Erfahrung nicht missen. Es war eine sehr schöne Erfahrung, dies ausprobieren zu können, auch wenn ich letztendlich „abgestürzt“ bin.

Humor

„Wer schaffen will, muss fröhlich sein", sagt Theodor Fontane. Ich finde, dies ist ein guter Leitsatz für unsere Arbeit. Kreativität, neue Ideen und gelungene Aktivitäten lassen sich leichter mit Humor erzielen. Humor wirkt auch erleichternd. Miteinander Spaß haben ist ein wichtiges Stück Lebensqualität! Für die Persönliche Zukunftsplanung heißt dies, den Planungsprozess schön zu gestalten und viel miteinander statt übereinander zu lachen. Ein wichtiges Element in Persönlicher Zukunftsplanung ist es, Erfolge schön zu feiern.

Wirklichkeit

„Wie lebe ich jetzt - wie möchte ich leben?“ - Persönliche Ziele im Austausch mit anderen entwickeln

Persönliche Zukunftsplanung begreift die Wirklichkeit als individuell gestaltbar. Es geht darum, die Lebenssituation und Lebensqualität der unterstützten Person z. B. in den Bereichen Freizeit, Wohnen oder Arbeit konkret zu verbessern. Es geht um Lebensplanung und auch Lebensstilplanung im engeren Sinne: Wie lebe ich jetzt, wie möchte ich leben?

Die Kraft des Prozesses Persönlicher Zukunftsplanung liegt in seiner Orientierung auf die Möglichkeiten in der Wirklichkeit. Die Vielfalt von Ideen kommt dann zustande, wenn man konstruktiv die Wirklichkeit mit verschiedenen Leuten aus verschiedenen Perspektiven zu beschreiben, zu drehen und zu wenden beginnt.

Konkrete Schritte gemeinsam vereinbaren

Die Vision von einem subjektiv wünschenswerten Leben ist dabei Wegweiser für die nächsten konkreten Schritte. Die persönlichen Ziele können z. B. nach der zeitlichen Dimension in kurzfristige (in der nächsten Woche), mittelfristige (im nächsten Jahr), langfristigen Zielen (in fünf Jahren) und Träume (vielleicht einmal) oder hinsichtlich ihrer Dringlichkeit sortiert werden. Dann werden drei wichtige Ziele ausgesucht und in kleine, realistische Schritte zerlegt. Was sind die nächsten wichtigen Schritte, um meinen Zielen näher zu kommen? Wie komme ich dorthin? Wer kann mir helfen? Persönliche Zukunftsplanung ist nicht nur gemeinsames Brainstorming, sondern vor allem auch geteilte Aktion. Keine Zukunftsplanung ohne Aktionsplan: Was sind die nächsten Schritte, wer macht was mit wem und bis wann?

Auf dem Weg - konkrete Schritte gemeinsam gehen

Entscheidend für den Erfolg von Persönlicher Zukunftsplanung ist, dass es mindestens eine Person gibt, die den Plan im Auge hat und dafür sorgt, dass die geplanten Dinge auch angegangen und durchgeführt werden. Ziele müssen dafür so konkret gefasst und positiv formuliert sein, dass jeder weiß, was zu tun ist. Persönliche Zukunftsplanung ist ein kontinuierlicher Problemlösungsprozess und kein einmaliges Gedankenfeuerwerk. Zukunftspläne sollen ein Steuerungsinstrument für gemeinsame Aktionen sein. In der Praxis hat es sich bewährt, um die unterstützte Person herum jeweils einen Unterstützungskreis von Menschen zu bilden, die die alltäglichen Probleme bei der Umsetzung der persönlichen Zukunftspläne konstruktiv und kreativ angehen. Ungewissheiten, Fehlstarts, Rückschläge und Meinungsverschiedenheiten werden mit einkalkuliert und führen zu neuen Ausgangspunkten. „Nobody is perfect" - aber alle Beteiligten müssen ernsthaft bemüht sein, den Prozess produktiv zu gestalten.
Die konstruktive, kreative und flexible gemeinsame Auseinandersetzung mit der Wirklichkeit ist die Basis jeglicher Persönlichen Zukunftsplanung.

Die organisatorische Anbindung Persönlicher Zukunftsplanung

Persönliche Zukunftsplanung kann überall dort stattfinden, wo Menschen sind, die ihre Zukunft planen wollen und es Menschen gibt, die ein ernsthaftes Interesse an ihnen und ihrer Zukunft haben. Dies kann in der Schule, der Familie, unter FreundInnen, einer Beratungsstelle, der Werkstatt, einer Wohngruppe oder bei ambulanten Assistenzdiensten im Bereich Wohnen, Arbeit und Freizeit sein.

Es gibt aber auch Vorschläge, Persönliche Zukunftsplanung von einrichtungsunabhängigen ModeratorInnen oder bei Selbst-Bestimmt-Leben-Beratungsstellen durchführen zu lassen, um ein Gegengewicht zu den Interessen der beteiligten Behinderteneinrichtungen und echte Wahlmöglichkeiten auch außerhalb der Begrenzungen einer Einrichtung zu gewährleisten.[56]

Unabhängig davon, wer die Begleitung und Moderation der Persönlichen Zukunftsplanung übernimmt, hat es sich als sinnvoll erwiesen, wo immer möglich, den bereits erwähnten Unterstützungskreis als organisatorische Kernzelle der Persönlichen Zukunftsplanung zu installieren. Dort sind auf Einladung der planenden Person möglichst alle wichtigen Personen aus ihrem Umfeld vertreten. Ich werde später noch genauer auf Unterstützungskreise eingehen.

Für die Umsetzung der Persönlichen Zukunftsplanung und Unterstützung in einem Lebensbereich können dann wieder verschiedene Unterstützungspersonen z. B. im Betreuten Wohnen oder der Wohngruppe, im Integrationsfachdienst oder der Werkstatt für behinderte Menschen, IntegrationshelferInnen oder LehrerInnen in der Schule, die Familie oder persönliche AssistentInnen zuständig sein.

---

[56] VON LÜPKE 1994, 97

In den USA habe ich eine interessante Variante kennen gelernt, wo Eltern[57] für ihren schwerbehinderten Sohn einen persönlichen Unterstützungsagenten eingestellt haben. Ein persönlicher Unterstützungsagent ist, um in einem Bild zu sprechen, eine Mischung aus Madonnas Manager, der sich um die wichtigen Dinge des alltäglichen Lebens des Stars kümmert, und die eines Brokers an der Börse, der verschiedene Dienste einkauft. Der persönliche Unterstützungsagent ist nicht Bestandteil des regulären Hilfesystems, sondern von der Familie angestellt. Seine Aufgabe war es in diesem Fall, die Persönliche Zukunftsplanung und Koordination der Hilfen und des sozialen Netzwerkes ihres Sohnes zu koordinieren. Sie wollten als Eltern eines selbstständig werdenden Sohnes nicht die immer wieder agierenden Agenten bei allen Institutionen und beteiligten Freunden sein.

Persönlicher Unterstützungsagent

- Koordinator
- Netzwerke bilden und pflegen
- Persönliche Zukunftsplanung
- nicht Bestandteil des formalen Unterstützungssystems
- angestellt vom Menschen mit Behinderung und/oder seiner Familie
- Anstoßen von Aktivitäten: Freizeit, Arbeit, Weiterbildung - zuständig, daß etwas in Gang kommt
- Krisenmanagement (Rollstuhl liegengeblieben, Personalausfall)
- Einarbeitung von Unterstützungspersonal
- informelles Infosystem (Vorlieben, Fotoalbum, Video, Lebenslauf, was funktioniert)

Die Aufgabe des persönlichen Unterstützungsagenten war das Anstoßen von Aktivitäten im Bereich Freizeit, Arbeit und Bildung. Er war nicht primär dafür zuständig, selber die Aktivitäten zu begleiten, sondern verantwortlich dafür, dass etwas in Gang kommt. Er sorgte zusammen mit der Hauptperson auch für die Pflege eines informellen Infosystems wie Fotoalben, Dokumentation von Vorlieben, Adressbuch von Freunden mit der Berücksichtigung von Geburtstagen, die Einarbeitung des direkten Unterstützungspersonales und übernahm das Krisenmanagement, wenn beispielsweise wieder einmal der Rollstuhl liegen geblieben war. Seine Aufgabe war es, vielfältige und wechselseitige Beziehungen der Hauptperson am Ort zu organisieren.

Es ist in Deutschland denkbar einen solchen Unterstützungsagenten im Rahmen eines persönlichen Budgets bei der Person bzw. der Familie selbst einzustellen oder als Einzelfallhilfe im Rahmen der Eingliederungshilfe nach dem SGB XII zu finanzieren. Einige UnterstützerInnen übernehmen schon ähnliche Funktionen im Rahmen der ambulanten Unterstützung im eigenen Wohnraum, die in einigen Orten bereits in der Familie beginnen kann. Diese sind dann in aber in der Regel bei einer Organisation der Behindertenhilfe und nicht bei der Person mit Behinderung und ihrer Familie selbst angestellt.

[57] Idee von Phil und Dianne Fergueson, Eugene, Oregon, USA

Zwischenbilanz: Persönliche Zukunftsplanung basiert auf einer veränderten Sichtweise

Persönliche Zukunftsplanung bedingt also, wie oben aufgezeigt, eine andere Sichtweise von Menschen mit Beeinträchtigungen und von hilfreicher Unterstützung. Wenn diese Sichtweise ernst genommen wird, ergibt sich daraus für Einrichtungen der Behindertenhilfe eine neue Praxis von individueller Hilfeplanung mit der Person mit Behinderung und ihrem sozialen Umfeld. Die Kernelemente von Persönlicher Zukunftsplanung sollen hier noch einmal tabellarisch kurz zusammengefasst werden, ehe dann auf die Anwendungsbereiche Persönlicher Zukunftsplanung und auf konkrete methodische Ideen eingegangen werden soll:

Persönliche Zukunftsplanung:

- ist individuell
- knüpft an Stärken und Fähigkeiten an
- will die Person bestärken, selbst zu entscheiden
- ist zukunftsbezogen
- erkundet Möglichkeiten
- geht um Freundschaft, Freizeit, Arbeit, Beteiligung in der Gemeinschaft
- der Planende steuert maßgeblich den Planungsprozess
- Einbeziehung von Familie und Freunden, persönliche Beziehungen als wichtige Unterstützungsquelle
- Fokus auf Stärken und Möglichkeiten statt Begrenzungen und Defizite
- Schwerpunkt auf Lebensräume, Dienste, Unterstützung in der Gemeinde oder im Stadtteil statt in Sondereinrichtungen nur für behinderte Menschen
- Planungsprozess toleriert Ungewissheiten, Fehlstarts, Rückschläge und Meinungsverschiedenheiten, Umorientierung, Neuorientierung
- lebt von der Auseinandersetzung mit Wirklichkeit, Träumen und Humor
- kann getragen und gestärkt werden durch einen Unterstützungskreis

Methoden Persönlicher Zukunftsplanung

Persönliche Zukunftsplanung ist nicht nur eine andere Sichtweise, sondern auch ein methodischer Ansatz. Sie versteht sich als kontinuierlicher Planungs- und Problemlösungsprozess. Es geht darum, mit einer Vielzahl von Methoden den Anderen kennenzulernen, Ideen zu bekommen, Ziele zu definieren und diese gemeinsam Schritt für Schritt umzusetzen. Die folgende Übersicht soll einige Beispiele von Methoden Persönlicher Zukunftsplanung geben:

Methoden Persönlicher Zukunftsplanung:

- Themenblätter: Meine Fähigkeiten, Wieso arbeiten, Fragebögen, Checklisten, Eine Seite über mich, Mandala, Glücksrad, Was läuft gut, was nicht etc.
- Karten: Lebensstil-Karten, Traum-Karten, Hut-Karten, „Ich-Kann-Karten"
- Ordner: Persönlicher Zukunftsplaner - Dokumentation des Planungsprozesses, Portfolio (Ich kann– Buch)
- Unterstützungskreise: Persönliche Zukunftsplanungstreffen oder Zukunftsfeste (Planungsmethoden z.B. Persönliche Lagebesprechung, MAPS und PATH)
- Problemlösungstechniken
- Moderationstechniken

Im Folgenden werden einige Methoden personenzentrierten Planens vorgestellt, ehe etwas ausführlicher auf die drei Planungsformate für Unterstützungskreise eingegangen wird. Im Materialteil finden Sie dann weitere Methoden mit entsprechenden Vorlagen. Eine gute Sammlung von einfachen personenzentrierten Methoden findet sich auch in dem Minibuch Personenzentriertes Denken[58]. Über die Seite www.persoenliche-zukunftsplanung.eu können in Zukunft wieder Materialien zur Persönlichen Zukunftsplanung bestellt werden, dort finden sich auch weitere Links und Materialien zum Download. Seit Herbst 2011 gibt es als Ergebnis des Leonardo Projekts „New Paths to Inclusion – Neue Wege zur Inklusion" ein Training Pack unter http://trainingpack.personcentredplanning.eu/index.php/de/ zum Thema Persönliche Zukunftsplanung mit der Erklärung vieler wichtiger Methoden und Planungsbeispielen. Außerdem finden Sie beim Deutschen Institut für Menschenrechte im Onlinehandbuch „Inklusion als Menschenrecht" einen Abschnitt zum Thema Persönliche Zukunftsplanung für Kinder und Familien[59], der ein umfangreiches Angebot mit Erläuterungen zu Methoden des Personenzentrierten Denkens und der Persönlichen Zukunftsplanung bietet.

Die Methoden können teilweise begleitend oder vorbereitend für ein Treffen des Unterstützungskreises mit der Person und ihrem Umfeld genutzt werden. Sie können aber teilweise auch sehr gut als Methode auf dem Unterstützungskreistreffen eingesetzt werden bzw. die Person kann ihre Dinge präsentieren und der Unterstützungskreis ergänzt oder nimmt diese Informationen zum Ausgangspunkt für die Aktionsplanung.

[58] SANDERSON/GOODWIN 2010, für den beruflichen Bereich siehe auch SIEVERS/KREMEIKE 2013
[59] www.inklusion-als-menschenrecht.de

Themenblätter

Fragebögen, Checklisten etc.

Themenblätter nenne ich eine Reihe von Arbeitsvorlagen, die bestimmte Fragestellungen hinsichtlich der Zukunftsplanung aufgreifen. So kann es darum gehen, mit Fragen zu erkunden:

- was meine Fähigkeiten sind
- welche Bereiche mir in meinem Leben besonders wichtig sind
- in welchen Bereichen meines Lebens ich selber entscheiden kann oder von anderen bestimmt werde
- welche Dinge in meinem Leben ich ohne Hilfe bewältigen kann, was ich demnächst lernen möchte und wofür ich erst mal weiterhin Hilfe benötigen werde.

Die Themenblätter, von denen Sie einige im Materialteil im Anhang oder in Zukunftsplanern wie dem bereits erwähnten *Käpt'n Life* finden, enthalten manchmal Fragestellungen, Auflistungen oder verschiedene Alternativen zum Ankreuzen. Es geht darum, bestimmten Fragestellungen nachzugehen, nachzudenken, Ideen zu bekommen und sich auszutauschen. Die Formen der Bearbeitung können sehr unterschiedlich sein:

- Einige Menschen, die lesen können, gehen gerne erst mal alleine die Fragen durch, ehe sie sich mit anderen darüber austauschen.
- Andere finden es gut, sich Frage um Frage mit einem vertrauten Menschen auszutauschen.
- Wiederum andere finden es spannend, gemeinsam mit einer Gruppe von Menschen nachzudenken und sich gegenseitig zu unterstützen.
- Einige schreiben selber ihnen wichtige Punkte auf, andere lassen diese Punkte von anderen aufschreiben, wieder andere sprechen ihnen wichtige Punkte auf Kassette oder malen ein Bild zum Thema, das ihre Wünsche ausdrückt.
- Für wieder andere Menschen ist es wichtig, verschiedene Alternativen einfach mal auszuprobieren und dann zu sagen oder zu zeigen, was ihnen besser gefällt (z. B. unterschiedliche Wohnformen, verschiedene Sportarten, Kleidungsoutfit).

An diesem Punkt wird ein Grundprinzip der Anwendung von Methoden in Persönlicher Zukunftsplanung deutlich: Es geht nicht darum, dass plötzlich alle Jugendlichen mit Beeinträchtigungen Themenblätter ausfüllen oder Kärtchen legen, sondern darum, mit der planenden Person in einer für sie zugänglichen Art und Weise über die konkrete Gestaltung ihres Lebens nachzudenken und Wahlmöglichkeiten zu erschließen. Entscheidend ist dabei, dass es nicht einfach eine neue Methode ist, die man nutzen kann, sondern ein Prozess, auf den man sich einlässt.
Die methodischen Ideen sind wie die Zutaten eines Kuchens: Es haftet nichts Magisches an ihnen. Die richtige Mischung der Zutaten, die richtige Wärme, das richtige Timing und der richtige Anlass sind entscheidend für das Gelingen.

Persönliche Zukunftsplanung bedient sich einer Vielfalt von unterschiedlichen Methoden: Genutzt werden unterschiedliche Arbeitsblätter/ Poster, Kartensets, Portfolio, Planungsordner und Planungsformate in Unterstützerkreisen. Die Poster werden dabei häufig nicht nur mit Wörtern beschrieben, sondern Inhalte zusätzlich mit einfachen Zeichnungen visualisiert. Im Folgenden sollen einige einfache Methoden Persönlicher Zukunftsplanung exemplarisch vorgestellt werden:

Der erste Schritt in Persönlicher Zukunftsplanung ist es, sich wechselseitig kennenzulernen. Folgende Arbeitsblätter /Poster können dabei hilfreich sein:

Was ist der Person wichtig? / Was ist für die Person wichtig?

Dieses Arbeitsblatt/ Poster erkundet einerseits, was der Person wichtig ist und andererseits was für die Person wichtig ist, um gesund und sicher zu sein[60]. Bei dieser Methode werden zwei wichtige Fragen und eine Zusatzfrage erkundet:

1. Was ist der Person wichtig?
Bei der ersten Frage geht es darum, möglichst genau herauszufinden, was der Person im Leben bzw. in einem Lebensbereich (zum Beispiel Schule, Arbeit, Wohnen) selbst wichtig ist: Was ist ihr im Leben wichtig? Welche Werte sind ihr bedeutsam? Was ist ihr zum Beispiel in der Arbeit oder Freizeit wichtig? Was macht sie glücklich? Was sollte in ihrem Leben unbedingt vorkommen, was sollte vermieden werden? Dies kann sich auf die Beziehungen zu anderen Menschen, auf den Tages- und Wochenablauf, auf positive Routinen und Abläufe oder auf bestimmte Dinge beziehen.
Bei der Beantwortung soll so weit wie möglich die Sichtweise der Person selbst dokumentiert werden. Bei Personen, die sich nicht lautsprachlich äußern können, kann die Frage entweder durch Beobachtung von Situationen, in denen sich die Person wohlfühlt, oder mithilfe der „Unterstützten Kommunikation" beantwortet werden. Symbole aus der Unterstützten Kommunikation können auch direkt auf den Zettel oder das Plakat geklebt werden.

2. Was braucht die Person, um gesund zu sein und sich sicher zu fühlen?
Bei der zweiten Frage geht es darum, möglichst genau herauszufinden, was die Person braucht, um gesund zu sein und sich nicht in Gefahr zu bringen. Hier geht es um das Wohlbefinden und das gesundheitliche Wohlergehen. Was braucht die Person, um gesund zu bleiben oder zu werden? Welche Unterstützung benötigt sie, um zum Beispiel an einer Aktivität teilhaben zu können? Was benötigt sie für ihr seelisches Wohlergehen?
Bei dieser Frage geht es um die Sichtweise der Person, die aber ergänzt wird durch die Sichtweise der Eltern, BetreuerInnen, TherapeutInnen und ÄrztInnen.
Ziel ist es, beide Fragen gleichermaßen zu beachten und in eine gute Balance zu bringen. Gerade bei Menschen mit schwerer und mehrfacher Behinderung steht oft die zweite Frage nach der Gesundheit und Sicherheit im Vordergrund.

Was müssen wir noch lernen oder erkunden?
Manchmal sind nach Beantwortung der beiden Fragen noch einige Punkte unklar und müssen weiter beobachtet oder erkundet werden. Diese Zusatzfrage gibt Raum, offene Fragen festzuhalten.

Wie sehen die Tage und Wochen der Person aus?

Bei dem *Arbeitsblatt „typischer Tages- / Wochenablauf"* (siehe Materialteil) geht es darum zu erkunden, wie die Person ihren Tag verbringt und welche Möglichkeiten sie im Laufe des Tages hat, ihre Fähigkeiten einzubringen und mit anderen Menschen in Kontakt zu treten. Dies kann ein wichtiger Ausgangspunkt sein, um den Alltag der Person bewusst zu bereichern.

Routinen

Gute Routinen sind für uns wichtig und strukturieren den Tag, geben uns Sicherheit. In einem Workshop bat Helen Sanderson die TeilnehmerInnen ihre Morgenroutine detailliert aufzuschreiben und anzukreuzen, was auf jeden Fall wichtig wäre, damit der Tag gut beginnt. Dann sollten die TeilnehmerInnen tauschen und überlegen, wie

---

[60] vgl. SANDERSON/GOODWIN 2010, 4

es ihnen gehen würde, wenn sie die Morgenroutine der anderen Person leben müssten und Punkte ankreuzen, die sie nicht gerne tun würden. Diese Übung macht deutlich, wie wichtig es ist, für gute Unterstützung auf die Details zu achten.

Kommunikations-Karten

Kommunikation geschieht nicht nur durch Lautsprache, sondern auch durch Blicke, Mimik, Gestik oder unser Verhalten. Menschen, die aufgrund einer Beeinträchtigung keine Lautsprache haben, sind darauf angewiesen, dass andere ihre Verhaltensäußerungen verstehen. Aber auch bei Kindern und Erwachsenen, die sprechen können, sagt das Verhalten oft mehr aus als das Gesagte.
Die *Kommunikations-Karte* schärft den Blick für die Kommunikation in Situationen, in denen das Verhalten einer Person mehr aussagt als das Gesagte. Die Kommunikations-Karte umfasst eine Tabelle mit folgenden Spalten[61]:

1. In dieser Situation…
2. wenn das geschieht…
3. glauben wir, dass es das bedeutet…
4. und machen dies…

Es geht darum, eine bestimmte Situation zu beschreiben (1), das Verhalten der Person in dieser Situation (2), unsere Interpretation, was dieses Verhalten bedeutet (3), und was wir in dieser Situation tun sollten (4). Diese Methode schafft Transparenz und Verständigung zwischen den Beteiligten und kann gut im Unterstützungskreis erstellt werden. Sie sollte als Basis für weitere Beobachtungen und Lernen genutzt werden.

Stärken und Fähigkeiten einer Person

Ein wichtiges Arbeitsblatt/ Poster ist es, die Stärken und Fähigkeiten einer Person mit dem Unterstützungskreis zusammenzutragen. Der Ausgangspunkt einer Persönlichen Zukunftsplanung sind die Stärken und Fähigkeiten der Hauptperson. Hier geht es (ausnahmsweise mal) nicht darum, was eine Person nicht kann, sondern worin sie gut ist. Was kann die Person, was macht sie aus? Für viele Menschen mit Beeinträchtigungen ist dies sehr bestärkend, einmal ihre Stärken und Fähigkeiten ausdrücklich genannt zu bekommen. Einige haben sich das Plakat mit nach Hause genommen und über ihr Bett gehängt oder auf ein T-Shirt drucken lassen.
Eine Variation ist es, auf einem Plakat am Beginn einer Sitzung zusammenzutragen, was andere Menschen an der Person schätzen und bewundern. Was bringt sie in das Leben, was sonst nicht da wäre? Für viele planende Personen und ihre Familien tut diese positive Blickrichtung gut, weil der Blick zu häufig auf der Behinderung und dem Belastenden liegt.

Persönliches Profilbild

Bei diesem Arbeitsblatt/Plakat werden mit der Person in und um einen gezeichneten Körperumriss Stärken, Fähigkeiten und positive Eigenschaften sowie der Person wichtige Werte und Wünsche, Träume eingetragen[62]. Dabei können auch die ausgewählten Karten aus den Kartensets in das Körperbild eingeklebt werden.

---

[61] vgl. SANDERSON/GOODWIN 2010, 12 f.
[62] Schöne Beispiele dazu finden sich in der Broschüre Talente, HAMBURGER ARBEITSASSISTENZ 2008

Eine Seite über mich…:

Typischerweise umfasst die „Seite über mich“ die Antworten auf drei Fragen und ein Foto der Person. Diese Fragen sind eine Zusammenfassung aus der Arbeit mit anderen personenzentrierten Methoden, können aber auch unabhängig davon bearbeitet werden. Die Fragen lauten:

1. Was mir wichtig ist… In diesem Punkt wird aus Sicht der Person zusammengetragen, was ihr im Leben wichtig ist und unbedingt beachtet werden sollte.

2. Was andere an mir mögen und schätzen… In diesem Punkt werden aus Sicht von anderen Menschen Eigenschaften aufgelistet, die sie an der Person schätzen. Das können Antworten sein auf die Frage: „Was bringt die Person in diese Welt, was sonst nicht da wäre?“ Die Person darf, sofern sie kann, aus den Vorschlägen der anderen die Dinge auswählen, die sie gerne auf ihrer Seite haben möchte.

3. Wie man mich gut unterstützen kann… Dies ist für viele eine ungewohnte, aber sehr wichtige Frage. Wie sieht gute Unterstützung für die Person aus? Was braucht sie, damit sie sich wohl fühlt und gesund ist? Dabei geht es beispielsweise um folgende Aspekte: Was braucht jemand, damit es ihm gut geht und er an wichtigen Aktivitäten teilhaben kann. Es kommt oft auf Details an, ob etwas genau passend ist oder nicht.

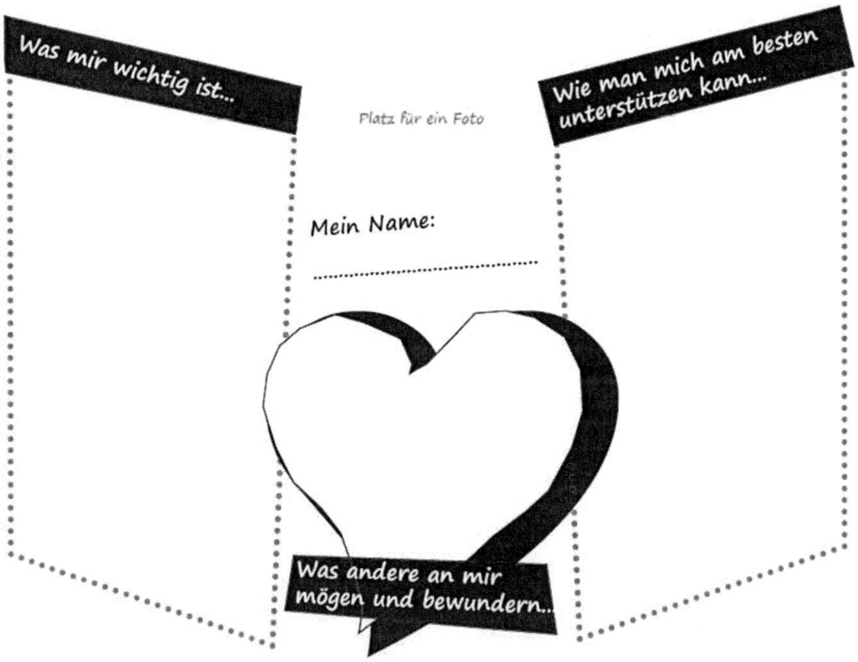

[Arbeitsblatt „Eine Seite über mich“, Idee: Helen Sanderson Associates, Gestaltung: Inken Kramp – zwei unterschiedliche Kopiervorlagen finden Sie im Materialteil]

Die Kernfrage ist, wie wir jemandem helfen können zu mehr Lebensqualität in wichtigen Lebensbereichen zu bekommen. Für die erlebte Lebensqualität ist letztendlich die Entscheidung des Einzelnen allein maßgeblich, was für ihn wichtige Bereiche im Leben sind und was für ihn dabei das Leben schön und lebenswert macht. Ich will in diesem Zusammenhang kurz zwei besondere Themenblätter vorstellen, die einen Denkrahmen für die Definition von Lebensqualität, dazugehörigen Aktivitäten und Unterstützung liefern können: das Lebensqualität-Mandala und das Glücksrad (s. a. Arbeitsblätter im Materialteil im Anhang).[63]

[63] diese Ideen gehen auf Ernest Pancsofar von Communitas in Manchester, CT, USA zurück, den ich auf den APSE Tagungen in Denver und New Orleans 1995 & 96 erlebte. PANCSOFAR 1996

Mandala
Lebensqualität bedeutet für mich...

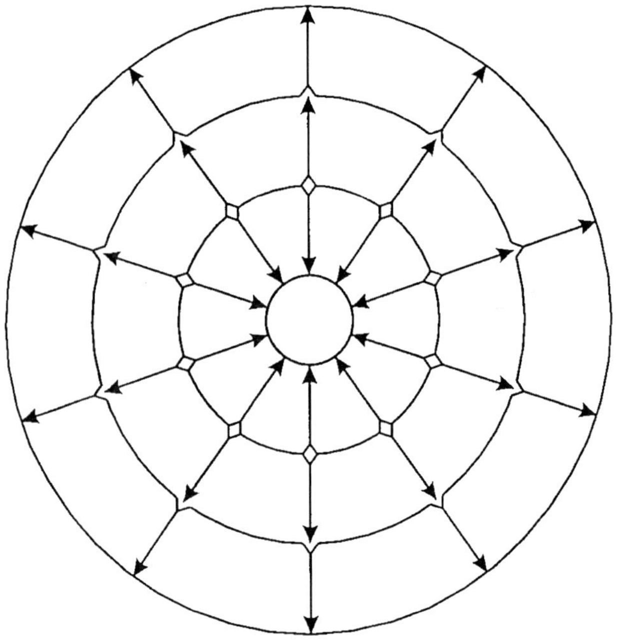

Mandala

Dieses Mandala ist ein Themenblatt, mit dem erkundet werden soll, was die für die eigene Lebensqualität wichtigsten Bereiche in meinem Leben sind. Dieses Mandala ist nicht nur ein guter Denkrahmen für die persönliche Zukunftsplanung, sondern auch ein treffendes Sinnbild für den Prozess. So kann man mit dem Mandala arbeiten:

1. In die ***Mitte des Mandala in den ersten Kreis*** kommt zuerst der ***Name der Hauptperson***, um die sich alles dreht, *z. B. Stefan*
2. In den ***zweiten Kreis*** kommen bis zu 10 Begriffe von ***wichtigen Bereichen, die für die Hauptperson Lebensqualität ausmachen***. Also Wörter, die einem in den Kopf kommen, wenn man beispielsweise gefragt wird: *Was ist dir wichtig im Leben? Was macht dich glücklich? Was macht dich zufrieden? Was tust du gerne?*
   Diese Worte drücken nun für eine Person verschiedene wichtige Bereiche von Lebensqualität aus, *z. B. Freunde, Reisen und Kreativität.*
3. In den ***dritten Kreis des Mandalas*** werden nun die ***aktuellen Aktivitäten*** oder Personen geschrieben, die für den jeweiligen Bereich wichtig sind. So könnte beispielsweise zu dem oberen Bereich *Freunde* die Namen von FreundInnen oder Aktivitäten, die man mit FreundInnen unternimmt (z. B. Uwe, Martina, Nils, Veronika, Hartmut...., gemeinsame Spieleabende, Kochen, zusammen verreisen, klönen, ins Theater gehen....), bei *Reisen* Orte stehen, zu denen man gerne reist, die Art der Reise (z. B. einmal alleine mit einem Freund verreisen, in die Toskana fahren, die jährliche Gruppenreise an den Bodensee) oder bei *Kreativität* Aktivitäten, die dazugehören (z. B. selber malen, eigene Geschichten ausdenken, Seidenmalgruppe).
4. In den ***äußeren vierten Kreis*** kommen nun die ***zukünftigen Aktivitäten***, die man gerne in diesem Bereich einmal oder mal wieder tun möchte. So könnten z. B. im Bereich Freunde Dinge stehen, die man gerne in Zukunft mit Freunden unternehmen möchte (z. B. Doris und Martin besuchen, Klara besser kennen lernen und einmal gemeinsam ausgehen...) oder bei Reisen, eine Reise, die man gerne machen möchte (z. B. Christopher in den USA besuchen und gemeinsam mit ihm eine Tour machen).

Das Mandala kann als Vorlage auf einem DIN A4 oder besser DIN A 3 Zettel sein, man kann es auch groß auf ein Plakatpapier an die Wand hängen. Man kann eine Tastversion mit Plusterstiften machen. Man kann hineinschreiben oder Begriffe durch Symbole zeichnerisch darstellen, mit Braillestreifen aufkleben, Collagen machen oder Fotos von den wichtigen Aktivitäten benutzen. Es ist mehr als ein Denkrahmen gedacht, der verschieden umgesetzt werden kann.

Glücksrad

Glücksrad war nicht nur eine in der breiten Bevölkerung und in vielen Wohngruppen beliebte Ratesendung, sondern auch eine Vorlage zur Persönlichen Zukunftsplanung.

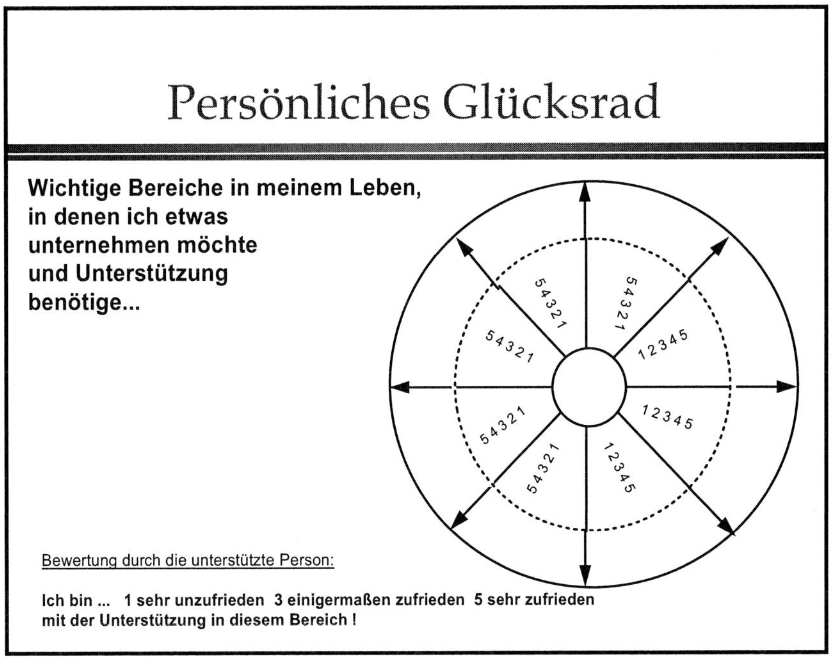

Diese Aktivität kann man gut machen, wenn man herausgefunden hat, was wichtige Bereiche von Lebensqualität im Leben der planenden Person sind und welche Aktivitäten für diesen Bereich in Angriff genommen werden sollen. Im Glücksrad steht nun die dazu notwendige Unterstützung im Vordergrund. Das Vorgehen ist folgendermaßen:

1. In die Mitte kommt wieder der Name der Hauptperson, um die es geht.
2. In den ersten Kreis kommen wieder die wichtigen Bereiche, die für mich Lebensqualität ausmachen.
3. In den zweiten Kreis kommt nun die notwendige Unterstützung, die ich zur Durchführung der damit verbundenen Aktivitäten benötige.

So kann genau festgelegt werden, welche Unterstützung in welchen Bereichen zum Erlangen von mehr Lebensqualität für die Person notwendig ist. Sind wichtige Punkte vereinbart, kann man nach einiger Zeit überprüfen, ob die vereinbarte Unterstützung auch tatsächlich erfolgt ist. Auf den Pfeillinien ist nämlich eine Bewertungsskala von 1 bis 5 angebracht. Diese dient nach einiger Zeit zur Auswertung der Unterstützung in diesem Lebensbereich. So kann man die Unterstützung bezogen auf die einzelnen wichtigen Bereiche von Lebensqualität reflektieren. Die 1 steht für „ich war gar nicht mit der Unterstützung in diesem Bereich zufrieden“, die 5 für „ ich war mit der geleisteten Unterstützung sehr zufrieden“. Dieses ist eine andere Form der Auswertung von Dienstleistung in der Behindertenhilfe als das vorher angesprochene Berichte schreiben. Hier würden konkrete wichtige Bereiche im Leben einer Person, die darauf bezogenen konkreten Aktivitäten und die subjektive Zufriedenheit der unterstützten Person zum Maßstab gemacht. Dies ist wiederum nur als ein Beispiel für ein anderes Denkmodell gedacht und kann sicherlich in verschiedenen Formen durchgeführt werden.

Drei Lernzonen

Aus der Erlebnispädagogik stammt das Modell der 3 Lernzonen, das sich auch gut für persönliche Zukunftsplanung übertragen lässt. Es werden folgende 3 Lernzonen unterschieden, denen Aktivitäten aus dem Leben der planenden Person zugeordnet werden können:

1. *Komfortzone:* Dies ist die Zone, in der wir Dinge tun, die wir gut bewältigen können und bei denen wir uns sicher fühlen.
2. *Zone der Herausforderung:* In dieser Zone erproben wir neue Dinge, die wir noch nicht sicher beherrschen und die vielleicht eine Herausforderung für die Person darstellen. In dieser Zone findet Lernen statt.
3. *Panikzone:* In dieser Zone sind wir überfordert und handlungsunfähig.

Was die Zone Herausforderung ist und wann die Panikzone beginnt, ist dabei individuell unterschiedlich.

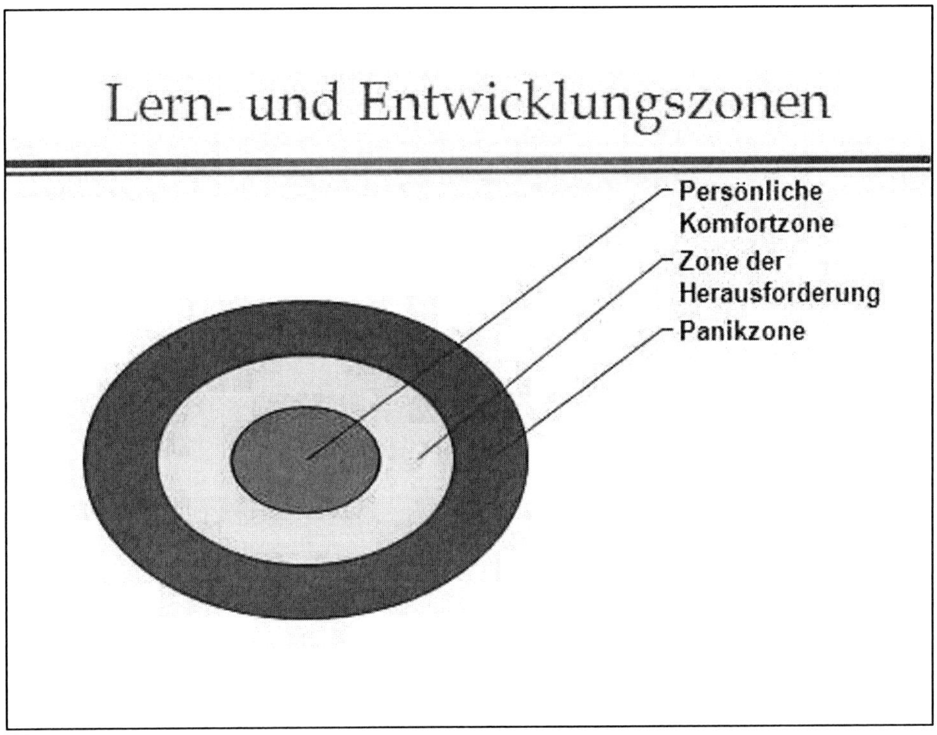

Methode zum Reflektieren: 4 + 1 Frage

Eine gute Methode zum Reflektieren ist die *Methode: 4+1 Frage.* Diese Methode ermöglicht es, die bisherigen Aktivitäten und Bemühungen gemeinsam auszuwerten. Die Fragen lauten[64]:

1. Was haben wir versucht?
2. Was haben wir gelernt?
3. Worüber waren wir erfreut?
4. Worüber waren wir besorgt?

\+ Ausgehend von dem, was wir wissen; Was ist der nächste Schritt?

[64] vgl. SANDERSON/GOODWIN 2010, 19

Karten

Eine andere Methode, im Prozess der Persönlichen Zukunftsplanung auf Ideen zu kommen und eine eigene Wahl zu treffen, sind Kärtchen mit Bildern oder Zeichnungen. Es gibt mittlerweile eine Reihe Kartensets zur Persönlichen Zukunftsplanung in unterschiedlicher Ausführung.[65] Man kann die Karten auch selber zeichnen oder mit Fotos arbeiten, man kann auch eine Version mit Braillestreifen oder in mehreren Sprachen anfertigen. Auf vielfachen Wunsch gibt es jetzt die Kartensets auch mit extra großen Karten. Die Haltbarkeit der Karten verlängert sich, wenn man sie vor dem Ausschneiden in Folie einschweißt.

Lebensstil-Karten

Die Lebensstil-Karten[66] gehen einer anderen Fragestellung nach: Wie lebe ich jetzt? Wie möchte ich gerne leben? Die Karten thematisieren verschiedene Bereiche des täglichen Lebens, so z. B.:

- *Musik (Welche? Wo? Mit wem?)*
- *Freizeitvergnügen mit Freunden*
- *Aufstehen (Wann? Wie sieht ein typischer Morgen aus?)*
- *Mich verwöhnen (Wie? Wann? Womit?)*
- *Aktivitäten bei schönem Wetter (Was? Wo? Mit wem?)*

[65] Die hier vorgestellten Lebensstil-Karten, Traum-Karten und Hut-Karten von New Hats, die in deutscher Bearbeitung über das Netzwerk Persönliche Zukunftsplanung bezogen werden können, daraus abgeleitet mit jeweils anderen Zeichnungen die Arbeitsassistenzkarten, das Kartenset der Lebenshilfe in EMRICH, GROMANN, NIEHOFF 2006 und für den Bereich der Berufsorientierung erweitert, die Kartensets der Hamburger Arbeitsassistenz 2008, die als vielseitig verwendbare Grafikvorlagen auf DVD vorliegen

[66] Life-style cards. Nach eine Idee von New Hats, Castle Valley, Utah, USA. Übersetzung und Überarbeitung von Stefan Doose, Zeichnungen von Jens Volkmann

Die Karten können gut als Gesprächsanregung zum gegenseitigen Kennenlernen genutzt werden. In einer Integrationsklasse wurden die Karten ausgelegt und als Würfelspiel benutzt. Jeder Schüler, der mit einer Figur auf einer Karte stehen blieb, erzählte etwas zu der entsprechenden Karte. Andere haben ausgewählte Karten groß auf ein DIN A 4 Blatt kopiert und als Gesprächsanregung für eine Gruppe von Jugendlichen genutzt, die aus einer Wohngruppe ausziehen wollen.

Hut-Karten

Welcher Hut passt zu mir? Welche Rolle passt zu mir? *Bin ich eine OrganisatorIn, EntertainerIn, RednerIn oder SortiererIn?* Diesen Fragestellungen kommen die Hut-Karten[67] auf die Spur. Eine Menge verschiedener „Hüte“ sind im Angebot und können anprobiert, ausprobiert und abgelegt werden. Eine Zielsetzung von Persönlicher Zukunftsplanung ist es, Menschen mit Beeinträchtigungen zu ermöglichen neue, für sie attraktive Rollen auszuprobieren und einzunehmen. Dabei wissen wir, wie wichtig es ist, dass Menschen wechselseitige Rollen einnehmen können, in denen sie ihre Talente und Möglichkeiten anderen Menschen zugute kommen lassen können und nicht nur als Hilfeempfänger gesehen werden.

[67] Hat-cards. New Hats, Castle Valley, Utah, USA. Übersetzung: Stefan Doose

Traum-Karten

Bei den Traum-Karten[68] geht es z. B. darum Ideen zu bekommen, was ich gerne mal tun oder ausprobieren würde, um Lebensqualität und Spaß in meinen Alltag zu bringen. *Würde ich beispielsweise gerne mal Frühstück im Bett bekommen, in einer Band singen, etwas über Sterne lernen oder mich selbst besser verstehen?* Traum-Karten sind auch eine gute Möglichkeit, sich gegenseitig kennen zu lernen und etwas über die Wünsche der anderen Person zu erfahren und vielleicht gemeinsame Vorlieben zu entdecken. Die Karten können beispielsweise in drei Haufen sortiert werden:

- Dinge, die ich immer schon mal machen wollte
- Dinge, die ich gerne mal ausprobieren möchte
- Dinge, die mich momentan nicht interessieren

Die Traum-Karten bestehen aus über 140 Karten, man kann aber auch eigene Traum- Karten hinzuzeichnen. Es geht nicht darum, alle Karten auf einmal durchzusehen, sondern ein Pool von verschiedenen Ideen zu haben.

Aus den ausgewählten Karten können dann die drei oder fünf Karten ausgewählt werden, die am treffendsten die Wünsche ausdrücken. Darüber kann man dann weiter ins Gespräch kommen und die Ideen weiter ausspinnen:

- Wie würde das aussehen?
- Wer würde dabei sein?
- Wie würde sich das für dich anfühlen?

Traum-Karten sind eine Methode, Menschen auf eigene Ideen zu ihrer Freizeitgestaltung zu bringen. In Wohngruppen scheint mir manchmal die Parole „Alle machen,

[68] Dream-cards. New Hats, Castle Valley, Utah, USA. Übersetzung: Stefan Doose

was die ErzieherIn macht" zu gelten. Reitet die ErzieherIn gerne, findet man die halbe Wohngruppe auf dem Reiterhof, ist sie ein Wassernarr, geht die ganze Gruppe baden. Ich kannte einmal einen Betreuer, dessen Hobby war es, Flugzeuge zu beobachten und die Nummern der gesichteten Flugzeuge aus einem dicken Buch zu streichen. Als sich plötzlich auch eine Gruppe von Betreuten diesem Hobby widmete, wurde ich stutzig. Ich bin nicht dagegen, dass Leute von anderen auf neue Ideen gebracht und für ein Hobby begeistert werden. Das finde ich gut, gerade weil Menschen dann über gemeinsame Interessen zusammenfinden. Problematisch wird es, wenn sich die Interessen der Betreuten an den Interessen der BetreuerInnen so zu orientieren haben, dass ihr Hobby schichtweise mit den BetreuerInnen wechselt.
Die verschiedenen Karten der vorgestellten Kartensets sind Spielkarten im besten Sinne. Man darf Spaß haben, lachen, Karten ablegen, neue Karten erfinden und Karten malen für Dinge, die einem wichtig sind oder sich auf wenige Karten beschränken. Sie sind unterschiedlich gestaltet, so dass man sie je nach persönlichen Vorlieben der planenden Person auswählen kann. Alle diese Methoden sollen dazu dienen, Ideen für Veränderungen zu kreieren. Dabei können die Veränderungen klein oder groß sein, wichtig ist aber, dass sie die Lebensqualität der unterstützten Person verbessern und ihre Wahlmöglichkeiten erweitern.

Neben den hier vorgestellten drei Kartensets gibt es noch andere Varianten dieser Idee: Die Bundesvereinigung Lebenshilfe hat in Anlehnung an die bekannten Kartensets ein Kartenset mit neuen Zeichnungen entwickelt, das Bestandteil des Instruments „Gut leben" zur Persönlichen Zukunftsplanung mit verschiedenen Vorlagen ist[69]. Eine Kartenset zum Erkennen von Stärken sind auch die SkillCards (www.skillcards.at), die in der Berufsberatung und im Coaching genutzt werden.

[69] EMRICH, GROMANN, NIEHOFF 2006

Kartensets der Hamburger Arbeitsassistenz – Ich-Kann-Karten

Als eine echte Erweiterung und Alternative empfinde ich die neuen Kartensets, die die Hamburger Arbeitsassistenz in Kooperation mit einem Grafikbüro für die Projekte BeO und Talente entwickelt hat (Hamburger Arbeitsassistenz 2007, 2008). Sie haben nicht nur ein frisches, jugendliches Design und umfassen neue Karten rund um das Thema Berufswahl, sondern können von der DVD auch beliebig kopiert und neu zusammengestellt werden.

Die *„Ich-Kann-Karten“* erkunden beispielsweise arbeitsrelevante Fähigkeiten:

Außerdem finden sich auf der DVD noch zahlreiche Arbeitsblätter zur Berufsorientierung, sowie Fotos zu möglichen Arbeitsplätzen für Menschen mit Lernschwierigkeiten und kurze Filme, auf denen Menschen mit Lernschwierigkeiten ihre Arbeitsplätze vorstellen. Tolles Material zur Berufsorientierung mit dem die planende Person eine Vorstellung über ihre Möglichkeiten bekommen kann.

Postkarten 3 gute Dinge über mich

Eine nette Idee von Helen Sanderson Associates, um positive Rückmeldungen von anderen Personen einzuholen, ist eine Postkarte mit „3 guten Dingen über mich“.[70] Diese Postkarte kann anderen, für die planende Person bedeutsamen Personen gegeben werden, um eine wertschätzende Rückmeldung zu bekommen.

Idee: Helen Sanderson Associates, Gestaltung: spektrum arbeit

Es ist in der Regel bestärkend gute Dinge über sich zu lesen. Aus diesen Rückmeldungen kann sich die Person für sie stimmige Punkte auf ihr Stärkenplakat oder ihre „Seite über mich“ aufnehmen. Dies ist übrigens auch eine gute Möglichkeit bei einem Zukunftsplanungstreffen abwesende Personen mit einzubeziehen.
Diese Übung eignet sich auch gut für Familien, Klassen und Teams, da Wertschätzung und Personenzentrierung immer eine Frage der Kultur des gesamten Systems sein sollte.

Ordner

Persönlicher Zukunftsplaner - Dokumentation des Planungsprozesses

Einige Menschen stellen gerne alle ihnen wichtigen Dokumente und Ideen für ihre Persönliche Zukunftsplanung in einem Persönlichen Zukunftsplaner zusammen. Dies ist ein individuell gestalteter Ordner, in dem alle wichtigen Dinge gesammelt, z. B. Themenblätter wie „Meine Fähigkeiten/Stärken“, „Meine Ziele und Träume“, „Was ich mag und was nicht“, Kopien von ausgewählten Traum-Karten, Antworten zu verschiedenen Lebensstil-Karten „Wie lebe ich jetzt? Wie möchte ich leben?“, es kön-

[70] Eine Kopiervorlage finden Sie in der Anlage, größere Mengen der Postkarten können zum Selbstkostenpreis (40 Cent / Stück) auch bei Ulla Sievers sievers@spectrum-arbeit.de bestellt werden.

nen auch Fotos von mir wichtigen Menschen und Situationen dabei sein, Praktikumsberichte, Empfehlungen oder mein Lebenslauf. Viele Menschen nutzen ihn auch um sich einen Plan zu machen, was sie in den Bereichen Wohnen, Arbeit, Freizeit, in der nächsten Zeit angehen wollen. Es gibt auch vorgefertigte Zukunftsplaner, die man zusammen durcharbeiten kann.[71]

Portfolio - Sammlung bester Werke

Das Portfolio ist eine Idee aus Kindergarten, Schule und Berufsausbildung[72]. Ein Portfolio ist eine Sammlung der besten Werke, die das Lernen in bestimmten Kompetenzbereichen dokumentieren. In den Portfolios gibt es meist auch „Ich-Seiten", auf denen sich die Person sich kompetenzorientiert vorstellt. In einer Integrationsklasse wurde es deshalb auch treffend das „Ich kann – Buch" genannt. Ziel eines Portfolios ist es, die eigene Kompetenz und Fähigkeiten in bestimmten Bereichen bestmöglich zu demonstrieren. Dabei können Werke jederzeit durch bessere ersetzt werden. Die besten Werke können durch alle möglichen Beitragsformen wie Arbeiten, Texte, Fotos, Video, Kassette mit Musik oder Werkstücke dokumentiert werden. Meinen jeweiligen Fähigkeiten entsprechend stelle ich die Dinge zusammen, die am besten mein Können und meine Kompetenz ausdrücken. Portfolios können z. B. auch für Bewerbungen gestaltet werden (Bilder von Praktika, Liste, was ich gut kann, Video mit Lernfortschritten).

---

[71] Curtis / Dezelsky 1994, Doose, Emrich, Göbel 2013, Emrich, Gromann, Niehoff 2006

[72] Brunner, Häcker, Winter 2006, Winter 2002, Winter, Goeben, Lenzen 2002

Unterstützungskreise

Ein Unterstützungskreis besteht aus Menschen, die eine Person bei ihrer Zukunftsplanung unterstützen wollen und sollen. Die Hauptperson lädt, mit der notwendigen Unterstützung natürlich, nach Möglichkeit selbst die Personen ein, mit denen sie gerne über ihre persönliche Zukunft nachdenken möchte. Dies können z. B. FreundInnen, Familienmitglieder, WohngruppenbetreuerInnen, LehrerInnen, ehemalige Zivis, WerkstattgruppenleiterInnen, aber auch NachbarInnen sein. Manchmal ist es sinnvoll zu überlegen, Personen einzuladen, die sich in einem Bereich gut auskennen, z. B. MitarbeiterInnen der Berufsberatung, eines Integrationsfachdienstes und der Werkstatt, aus einer Wohngruppe und der pädagogischen Betreuung im eigenen Wohnraum.

Es hat sich besonders in schwierigen Übergangssituationen (z. B. von der Schule in den Beruf, Auszug aus einer Wohngruppe etc.) als sinnvoll erwiesen, einen kontinuierlichen Unterstützungskreis als Keimzelle der Persönlichen Zukunftsplanung zu installieren. [73] Der Unterstützungskreis vernetzt die beteiligten Personen und Institutionen aus verschiedenen Bereichen, so dass nicht ein Beteiligter allein verantwortlich sein muss. Ein Unterstützungskreis kann für alle Beteiligten eine enorme Hilfe darstellen, da im ihm professionelle und nichtprofessionelle Unterstützungspotenziale zusammen gebracht, gemeinsam Möglichkeiten erkundet, Probleme gelöst und Unterstützung koordiniert werden kann. Im Unterstützungskreis ändert sich auch der Charakter der Planung, da es nicht mehr alleine der Plan der Person (mein Plan) ist, sondern der gemeinsame Plan des Unterstützungskreises (unser Plan) wird, der mit allen dort vorhandenen Stärken, Fähigkeiten, Ressourcen und Verbindungen, um die Ziele der Person verwirklicht werden kann[74]. Sinnvoll ist es deshalb den Unterstützungskreis möglichst vielfältig und lebensbereichsübergreifend zusammenzusetzen. Manche Unterstützungskreise sind sehr klein, andere relativ groß. Oft geht es zunächst darum, mögliche Unterstützungspersonen zu identifizieren, da das Unterstützungsnetzwerk der Betroffen oft recht klein geworden ist. Die Methoden *Kreise wichtiger Menschen* oder *Meine Verbindungen*, die Sie im Materialteil finden, können Ihnen helfen, mit der planenden Person UnterstützerInnen für den Unterstützungskreis zu finden. Für manche Menschen mit schwerer und mehrfacher Beeinträchtigungen in Institutionen gibt es nur noch Professionelle, die sich um sie kümmern. Hier kann es sinnvoll sein, den Unterstützungskreis gezielt um Leute aus dem Gemeinwesen zu erweitern, die Wissen und Verbindungen haben, die für eine lebenswerte Zukunft der Person bedeutsam sein könnten.

Für viele Menschen stellt es zunächst auch eine Überwindung dar, andere Menschen um Unterstützung zu bitten. Die Erfahrung mit Unterstützungskreisen zeigt, dass es viele Menschen als eine Ehre empfinden zu einem Unterstützungskreis eingeladen zu werden und dies auch als eine große Entlastung erlebt wird.
Dabei können Menschen auf ganz verschiedene Arten und Weisen hilfreich sein: Einige haben viele Ideen und großes Fachwissen. Andere sind uns emotional nahe und unterstützen uns in schwierigen Situationen moralisch. Wieder andere können gut anpacken, wenn es darauf ankommt, oder kennen andere Menschen in der Region. Es kommt also auf die richtige Mischung an. Ergebnisse aus der Netzwerkfor-

---

[73] Zur Arbeit von Unterstützungskreisen im Übergang Schule-Beruf, siehe Artikel von NIEDERMAIR/TSCHANN 1999: „Ich möchte arbeiten“ – Der Unterstützungskreis, Beispiel siehe auch BROS-SPÄHN 2007, KLUGE 2007, NETZWERK PEOPLE FIRST 2003, BOBAN/HINZ 2005, GÖBEL/KASANG 2005

[74] vgl. O'BRIEN, PEARPOINT, KAHN 2010

schung zeigen übrigens, dass wir neue Ideen und Verbindungen über Leute bekommen, die wir oft nur locker kennen. Der Unterstützungskreis muss sich also nicht auf die engsten Vertrauten beschränken, sondern lebt davon, andere offene, ideenreiche und engagierte Menschen einzubeziehen.

Mitunter können oder wollen nicht immer alle zum Unterstützungskreis eingeladenen Personen kommen. Seien Sie nicht traurig über die, die nicht da sind, sondern freuen Sie sich über die, die kommen. Manche Unterstützungskreise bestehen aus über 16 Personen, manche aus einer Handvoll Leuten. Die Anzahl ist nicht das entscheidende Kriterium. Manchmal bildet sich im Laufe der Zeit eine Kerngruppe heraus, die immer kommt. Daneben gibt es Personen, die zu bestimmten Treffen und Themen hinzustoßen. Egal wie groß der Kreis ist - von einem echten Unterstützungskreis kann eine große Kraft ausgehen.

Bei dem Unterstützungskreis von Maik Kasang, der in Lübeck seinen Übergang von der Schule in das Berufsleben geplant hat[75], waren z. B. neben Maik als Hauptperson, die Eltern, LehrerInnen, der Zivi, Ex-Zivis, MitarbeiterInnen und die Leiterin des Integrationsfachdienstes, die Freundin aus der Nachbarschaft, die Krankengymnastin, KollegInnen aus dem jeweiligen Praktikum, MitschülerInnen, der Freund aus dem Jugendzentrum beteiligt. Es bildete sich bei den Treffen des Unterstützungskreises eine Kerngruppe heraus, die den Prozess der Persönlichen Zukunftsplanung mit Maik trägt, hinzukommen weitere Beteiligte, die zu einzelnen Themen und Treffen dabei sind. In Zeiten des Übergangs hat sich Maiks Unterstützungskreis häufig, das heißt ca. 4-5 Mal im Jahr, getroffen. Dann gab es Zeiten, in denen der Unterstützungskreis nicht mehr notwendig war und sich lange Zeit nicht getroffen hat. Zwischendurch gab es mal Treffen, um aktuell auftretende Probleme bei der Arbeit zu lösen. Nun stehen wieder Veränderungen an und eine erneute Zukunftsplanung ist geplant.

Bei Menschen mit Mehrfachbeeinträchtigung und hohem Unterstützungsbedarf stellt sich häufig die Frage der Beteiligung. Grundsätzlich sollte die Person den Prozess steuern. Eine gute Vorbereitung der Treffen mit der Person kann ihr helfen eine aktive Rolle zu übernehmen (z.B. TeilnehmerInnen auswählen, Einladungen gestalten, Leute begrüßen, Talker mit wichtigen Worten präparieren, Karten mit Stärken oder Träumen mit in das Treffen bringen, Zeichen für Ja/Nein/ STOP ausmachen).
Manchmal ist es trotz allen Bemühens nicht zu klären, ob die Person einen Unterstützungskreis und eine Zukunftsplanung wünscht. Dennoch kann gerade in diesen Fällen ein Unterstützungskreis für die UnterstützerInnen ganz wichtig sein, um die Lebensqualität der Person zu verbessern. Gerade durch die verschiedenen Blickwinkel entstehen dann gemeinsame Verständigungen und neue Ideen. Die Planenden sind dann eher die Familie oder die UnterstützerInnen. Gemäß des Grundsatzes „Nichts über mich ohne mich“ sollte die Person nach Möglichkeit immer mit anwesend sein. Die bloße Präsenz verändert die Diskussion und oft konnte eine erstaunliches Beteiligt-sein der Personen an dem Planungstreffen festgestellt werden[76].

---

[75] vgl. GÖBEL/KASANG 2005
[76] vgl. O'BRIEN, PEARPOINT, KAHN 2010, KLUGE 2007

Aufgaben eines Unterstützungskreises

Planende Person stärken, ermutigen und unterstützen

Der Unterstützungskreis hat die Aufgabe, die planende Person und ihre Familie bei der Zukunftsplanung zu stärken, zu ermutigen und zu unterstützten – sowohl beim Sammeln von Ideen, beim Schmieden eines Plans als auch bei der konkreten Realisierung von Vorhaben.

Lebendiges Bild von der planenden Person mit ihren Stärken und Möglichkeiten bekommen

Eine der ersten Aufgaben ist es, ein gutes Bild von der planenden Person und ihrer Situation zu bekommen und zusammenzutragen, wer die planende Person ist, was sie ausmacht, was ihr wichtig ist und was sie benötigt, damit es ihr gut geht.

Vision von einer guten Zukunft der Hauptperson entwerfen

Eine weitere Aufgabe ist es, ein lebendiges Bild von einer guten Zukunft zu entwerfen: Wie können wir beispielsweise eine gute Situation im Kindergarten, in der Schule, im Freizeitbereich oder in der Arbeit schaffen? Diese Vision sollte sich auf einen nicht allzu fernen Zeitpunkt, beispielsweise ein bis fünf Jahre, beziehen und mit möglichst vielen wichtigen Details versehen sein. Unsere Seele denkt in Bildern und diese Zukunftsbilder entwickeln oft eine erstaunliche Sogwirkung für positive Veränderungen, auch wenn es dann im Detail anders kommen darf.

Konkrete Ziele der planenden Person für die nächste Zeit herausfinden

Eine wichtige Aufgabe des Unterstützungskreises ist es, konkrete Ziele für die nächste Zeit zu identifizieren. Dabei geht es um Ziele, die für die planende Person bedeutsam sind, die sie begeistern und sie zur Teilhabe in der Gemeinschaft führen. Jede Person sollte, soweit es ihr in ihrer Entwicklung schon oder noch möglich ist, die Ziele selbst mitbestimmen können.

Die Umsetzung der Ziele mit einem Aktionsplan planen

Eine zentrale Aufgabe des Unterstützungskreises ist es nun, zu überlegen, was konkret von wem getan werden muss, um diese Ziele zu erreichen. Hieran können sich alle UnterstützerInnen beteiligen, indem sie konkrete Aufgaben im Rahmen ihrer Möglichkeiten übernehmen.

Umsetzung der Zukunftsplanung reflektieren, Probleme lösen

Im weiteren Verlauf muss die Umsetzung der Zukunftsplanung reflektiert werden, bei Bedarf müssen auftretende Probleme gelöst und vor allem erreichte Ziele gemeinsam gefeiert werden!

Am Anfang kann beispielsweise die Erstellung eines persönlichen Profils mit Stärken und Fähigkeiten, Träumen und Zielen bei den Treffen des Unterstützungskreises im Vordergrund stehen (z. B. mit MAPS) und dann eine konkrete Planung des nächsten Jahres z. B. mit dem PATH-Prozess, ehe dann an den folgenden Treffen an der Umsetzung des Plans gearbeitet und zur Bestandsaufnahme z.B. eine Persönliche Lagebesprechung durchgeführt wird. Wichtig ist auch immer wieder die gemeinsame Reflexion des Prozesses. (Was ist seit dem letzten Treffen positiv gelaufen? Welche neuen Erkenntnisse und Ideen haben wir gewonnen? *Gemeinsame Problemlösung:* Wo tauchen Probleme auf? Wie können wir sie lösen?). Dazu eignet sich auch gut die bereits beschriebene *Methode 4 + 1 Frage*.

Rollen im Unterstützungskreis

Im Unterstützungskreis können unterschiedliche Rollen hilfreich sein:

Rollen in Unterstützungskreisen

- **Hauptperson / planende Person:**
  - überlegt sich, wer eingeladen wird und welche Themen behandelt werden sollen
  - bereitet sich auf die Themen vor
  - ist GastgeberIn, legt Ort, Getränke und ggf. Snacks fest
- **ModeratorIn:**
  - übernimmt die Gesprächsführung des Unterstützungs-Kreises
  - sorgt dafür, dass die Hauptperson im Mittelpunkt steht
  - sorgt dafür, dass alle zu Wort kommen und die Gesprächsregeln eingehalten werden
- **ZeichnerIn- und SchreiberIn:**
  - hält die Ergebnisse bildlich und schriftlich fest
- **UnterstützerInnen:**
  - unterstützen die Hauptperson mit ihren Ideen, moralische oder konkrete Unterstützung bei der Umsetzung der Zukunftspläne, Übernahme von Aufgaben
- **AgentIn:**
  - ist für die Hauptperson eine wichtige Vertrauensperson
  - behält zusammen mit der Hauptperson den Überblick über den Prozess
  - unterstützt die Hauptperson bei der Umsetzung der Aktionspläne
  - fragt beim Unterstützungskreis nach den Ergebnissen der übernommenen Aufgaben

[Abbildung Überblick Rollen in Unterstützungskreisen]

Hauptperson / planende Person

Die wichtigste Rolle spielt natürlich die Hauptperson. Sie überlegt sich, wer eingeladen wird und welche Themen behandelt werden. Sie lädt ein und bereitet sich auf die Themen vor. Sie ist Gastgeber, legt den Ort und den Rahmen fest (zum Beispiel welche Getränke oder Snacks es geben soll) und bittet andere - wenn nötig - um Unterstützung bei der Vorbereitung.

Schon im Vorfeld eines ersten Treffens können Aktivitäten der Zukunftsplanung durchgeführt werden, deren Ergebnisse beim Treffen präsentiert werden.

Moderation

Eine gute, möglichst außenstehende Moderation ist wichtig für einen Unterstützungskreis. Die Person sollte erfahren in der Moderation von Gruppen sein. Sie übernimmt die Gesprächsführung des Kreises und sorgt dafür, dass alle zu Wort kommen. Sie legt mit der Gruppe vorher Gesprächsregeln fest und sorgt für eine wertschätzende Atmosphäre. Sie achtet darauf, dass die Hauptperson nicht aus dem Blick gerät und sich beteiligen kann. Im Folgenden werde ich noch ausführlicher auf die Moderation von Zukunftsplanungstreffen eingehen.

Eine Person, die zeichnet und schreibt

Ein Unterstützungskreis sollte am besten zu zweit moderiert werden. Die Person, die zeichnet und schreibt (englisch: graphic facilitator), sorgt dafür, dass die Ergebnisse in Bildern und Worten auf großen Papieren an der Wand oder am Boden festgehalten werden. Unsere Seele denkt in Bildern! Nicht nur für Kinder und Personen, die nicht lesen können, sind Bilder hilfreich, sondern für alle Menschen. Die Aufgabe der zeichnenden und schreibenden Person ist es, mit der Hauptperson und dem Unterstützungskreis die passenden Bilder zu finden. Es kommt nicht auf die Perfektion an, obwohl sich immer wieder Menschen mit wunderbaren Fähigkeiten zum Zeichnen und Schreiben finden lassen. Es gibt mittlerweile eine ganze Reihe guter Literatur mit Tipps zur grafischen Unterstützung der Moderation.[77]

UnterstützerInnen
Die UnterstützerInnen bringen ihre guten Ideen bei der Planung und Umsetzung ein. Sie bieten moralische oder konkrete Unterstützung bei der Umsetzung der Zukunftspläne und übernehmen Aufgaben. UnterstützerInnen sollten freiwillig im Unterstützungskreis sein. Sie sollten eine wertschätzende Grundhaltung mitbringen und von der Hauptperson als unterstützend und stärkend erlebt werden. Ist dies nicht der Fall, kann ihre Teilnahme kontraproduktiv sein.

AgentIn
Die AgentIn unterstützt die Hauptperson bei der Umsetzung der Pläne. Gemeinsam halten sie den roten Faden in der Hand. Die AgentIn fragt bei den UnterstützerInnen nach, was aus ihren zugesagten Aktivitäten geworden ist. Nicht das Treffen und der Plan sind schließlich entscheidend, sondern die Umsetzung. Erfahrungsgemäß braucht es mitunter Erinnerung oder anderweitige Unterstützung, damit die Vorhaben nicht im Sande verlaufen. Eine AgentIn ist selbst Teil des Unterstützungskreises und kann zum Beispiel am Ende des ersten gemeinsamen Treffens benannt werden. Meist wählt die Hauptperson selbst aus, wen sie sich als Agentin wünscht. Es hat sich als sinnvoll erwiesen, zwei AgentInnen zu bestimmen: eine AgentIn des Herzens, der die Hauptperson emotional unterstützen kann, und eine professionelle AgentIn, der sich im Hilfesystem auskennt.

Wie lange dauert ein Treffen des Unterstützungskreises und wie häufig trifft er sich?

Die Dauer der Treffen unterscheidet sich nach Anlass, Möglichkeiten, gewählten Methoden und dem Durchhaltevermögen der planenden Person und des Unterstützungskreises. Manche Treffen dauern anderthalb bis zwei Stunden, andere drei bis vier Stunden mit Pausen am Vormittag, Nachmittag oder Abend, wieder andere wie z.B. Ines Boban veranstalten Zukunftsfeste[78], die einen ganzen Tag dauern. Dies kann Sinn machen, wenn man die Methoden MAPS und PATH an einem Tag machen möchte und die TeilnehmerInnen des Unterstützungskreises einen langen Anfahrtsweg haben. Wichtig ist natürlich, dass es zwischendurch ausreichend Pausen und Stärkung für die TeilnehmerInnen gibt.
Auch die Häufigkeit der Treffen des Unterstützungskreises hängt von der Situation der planenden Person und den Möglichkeiten der Beteiligten ab. Manchmal trifft sich ein großer Kreis zu einem Planungstreffen einmal und die Hauptperson kümmert sich gemeinsam mit der AgentIn um die Umsetzung des Planes. Der Unterstützungskreis trifft sich dann erst nach einem Jahr in großer Runde wieder. In Phasen des Übergangs treffen sich die Unterstützungskreise häufig regelmäßig, z.B. viermal im Jahr; in schwierigen Phasen kann ein Treffen aber auch alle vier bis sechs Wochen notwendig sein.

---

[77] PEARPOINT 2002, HAUSMANN 2006, 2009, RACHOW 2007, ULRICH 2009, NITSCHKE 2012, GÖBEL 2013,
[78] dazu ausführlich das Arbeitsbuch Zukunftsfeste HINZ/KRUSCHEL 2013

Wie kann ein Planungstreffen gut vorbereitet werden?

Die Planungstreffen des Unterstützungskreises sollten gut vorbereitet sein. Oft beginnt ein persönlicher Zukunftsplanungsprozess mit einem Treffen mit der planenden Person, eventuell unter Einbeziehung der Familie oder einer Vertrauensperson, in ihrer vertrauten Umgebung wie z. B. ihrer Wohnung. Dieses Treffen dient dem ersten Kennenlernen zwischen der unterstützenden und der unterstützten Person und dazu, den Prozess der Persönlichen Zukunftsplanung zu erläutern.

Die Hauptperson sollte, soweit es ihr möglich ist, an der Vorbereitung der Themen und der Einladung beteiligt sein. Vielleicht kann sie etwas vorbereiten, das für das Treffen und das Thema bedeutsam ist: Sie kann beispielsweise Dinge, die sie mag, mitbringen oder ein Profilplakat mit Dingen, die sie gerne macht (zum Beispiel in Form eines Körperumrisses), erstellen. Die TeilnehmerInnen sollten persönlich eingeladen werden und bereits mit der Einladung erfahren, worum es geht und was einen guten Unterstützungskreis ausmacht.

Die Hauptperson entscheidet auch, wo das Treffen stattfinden soll. So kann das Treffen beispielsweise in der Wohngruppe, zu Hause, in der Schule, in einem Büro oder in dem Lieblingsrestaurant stattfinden. Das Treffen sollte an einem angenehmen, einladenden Ort stattfinden, an dem sich die Hauptperson wohl fühlt, der genügend Raum bietet und an dem man nicht gestört wird. Platz an den Wänden für Plakate oder Stellwände ist hilfreich, aber nicht zwingend notwendig. Dabei sollte man auch über einen passenden Rahmen nachdenken:
Es kann Getränke und einen kleinen Imbiss geben. Einige TeilnehmerInnen des Unterstützungskreises bringen bestimmt gerne etwas mit, wenn sie vorher gefragt werden.

Ausdrucksstarke Fotos aus dem Leben der planenden Person können beispielsweise aufgehängt oder in der Mitte des Stuhlkreises um eine Kerze gelegt werden. Auch selbst gemalte Bilder oder andere Dinge zeigen, was sie erlebt hat, was ihr wichtig ist und sie ausmacht. Einem Fußballfan ist anderes wichtig als einer Tänzerin oder einem Tierfreund. Ein Lied, das die Person gerne mag und vielleicht in einer Beziehung zur Zukunftsplanung steht, zu Beginn kann eine gute und offene Atmosphäre schaffen.

Wichtig ist, dass das Treffen zum „Heimspiel“ für die Hauptperson wird. Alle Beteiligten sollen sich wohlfühlen und Spaß an der Sache haben, auch und gerade wenn es in der Zukunftsplanung um ernste Dinge geht. Es soll schließlich über die Zukunft der Hauptperson nachgedacht werden. Dies ist eine wichtige Aufgabe und gute Gedanken entstehen am besten in einer angenehmen Atmosphäre und in ansprechenden Räumen.

Tipps zur Moderation von Unterstützungskreisen

Es hat sich als sinnvoll erwiesen, wenn bei persönlichen Zukunftsplanungstreffen eine Person im Kreise die Moderation übernimmt, eine andere Person kann die Ergebnisse auf den Plakaten möglichst bildlich festhalten (graphic facilitation), denn bildliche Darstellungen bleiben besser im Gedächtnis. Die ModeratorIn sollte in der Moderation von Gruppen erfahren sein.
Die Moderation von persönlichen Zukunftsplanungstreffen ist eine schöne, aber am Anfang für viele nicht ganz einfache Aufgabe. Es gibt mittlerweile einige gute Literatur und Seminare zur Moderation von Gruppen[79] am besten ist es jedoch, die Moderation abwechselnd zusammen mit anderen Menschen auszuprobieren und sich gegenseitig zu unterstützen und Hilfestellung zu geben. Die TeilnehmerInnen sollten dabei regelmäßig gefragt werden, ob sie die Moderation für das Planungstreffen hilfreich fanden. Die andere Schlüsselqualifikation, die neben Kenntnissen in der Moderation von Gruppen für Persönliche Zukunftsplanung sinnvoll ist, ist eine Kenntnis von Problemlösungstechniken[80]. Persönliche Zukunftsplanung ist kein einmaliges Ereignis, sondern ein kontinuierlicher Problemlösungsprozess.

Die ModeratorIn hat eine neutrale Rolle, deshalb sollte die Moderation nicht von einer stark beteiligten Person übernommen werden. Es besteht sonst die Gefahr, dass diese wichtige Person (wie z. B. Eltern, BezugsbetreuerIn oder LehrerIn) eine doppelte Rolle einnimmt - als ModeratorIn und wichtige inhaltliche MitgestalterIn. Die Moderation hat folgende Aufgaben:

Aufgaben der Moderation eines persönlichen Zukunftsplanungstreffens:

- Ruhige, freundliche, positive Atmosphäre schaffen
- Ziel des Treffens erklären und im Blick behalten
- Stärken, Fähigkeiten, Möglichkeiten betonen
- Beiträge auf die Zukunft richten
- Guten, flexiblen Platz einnehmen
- Richtiges Timing (max. 1,5 - 2 Std.)
- Erst zuhören - dann aufschreiben und aufzeichnen lassen (4 Sekundenregel)
- Die planende Person entscheidet, ob etwas aufgeschrieben werden soll
- Themen herauskristallisieren, Prioritäten erfragen
- Beteiligung aller sicherstellen
- Teilnehmerbeiträge nicht bewerten
- Keine der geäußerten Meinung zu seiner machen
- Verschiedene Perspektiven deutlich machen
- Den konstruktiven Gehalt erkennen, Dinge positiv und konstruktiv (um)formulieren (reframing)
- Nachfragen, ob die planende Person oder Andere dieselbe Sichtweise haben
- Bei Bedarf Platz für später zu Behandelndes schaffen (Ängste/Befürchtungen, Joker, Nicht vergessen)

[79] siehe z.B. Klebert, Schrader, Straub 2011, Seifert 2009, 2011
[80] siehe z.B. Bugdahl 1995, Sellnow 2004, Nöllke 2006, De Bono

Hilfreiche Fragen für die Moderation von Zukunftsplanungstreffen

Im folgenden Teil sind einige Fragen zusammengestellt, die für die Moderation von persönlichen Zukunftsplanungstreffen als Handwerkszeug hilfreich sein können.[81]

Die große Leitfrage

Oft steht ein persönliches Zukunftsplanungstreffen unter einer oder mehreren großen Leitfragen. Sie fassen das Anliegen der Persönlichen Zukunftsplanung zusammen. Gute Fragen erkennt man oft daran, dass sie nicht einfach oder gar schnell zu beantworten sind, sondern als große Leitfrage uns durch den Planungsprozess begleiten. Sie drücken die Sehnsucht aus, die den Planungsprozess treibt. Leitfragen können z. B. sein:

- Wie kann die Person herausfinden, was ihre Stärken und Fähigkeiten sind und was sie aus ihrem Leben machen will?
- Wie kann die Person eine Arbeitsstelle in einer normalen Firma finden, wo sie ihre Fähigkeiten und Interessen einbringen kann und geschätzt wird? Welche Personen müssen sie dazu kennenlernen und was muss sie (und die anderen) dazu lernen?
- Wie und wo kann die Person mit mehr Leuten in Kontakt kommen, vielfältigere und tiefere Beziehungen zu anderen Menschen knüpfen und ihre Talente und Fähigkeiten zur Gemeinschaft einbringen?
- Wie kann das Kind wieder einen Vater und eine Mutter haben, bei denen sie leben kann und die gut in ihrer Gemeinde eingebunden sind?
- Wie kann das Leben der Person nach dem Auszug aus dem Elternhaus aussehen? Wie und mit wem möchte sie wohnen, arbeiten und ihre Freizeit verbringen?

Visuelle und verbale Leitfragen

Der persönliche Zukunftsplanungsprozess orientiert sich an Leitfragen, die für alle sichtbar auf die Poster oder Plakate gemalt werden und die zur Strukturierung des Treffens dienen. Leitfragen können z. B. die vorhin erwähnten Fragen sein

- Was sind die Stärken, Fähigkeiten?
- Was mag die Person? Was nicht?
- Was sind die Ziele/Träume in den Bereichen Wohnen, Freizeit und/oder Arbeit?
- Welche Vorerfahrungen liegen vor? *(z. B. bisherige Freizeitaktivitäten, berufliche Vorerfahrungen)*
- Was ist gut für die Person? / Was nicht? Welche Rahmenbedingungen braucht sie um erfolgreich zu sein?
- Was läuft zurzeit gut? / Was nicht?
- Welche Ideen, Möglichkeiten fallen uns ein? (je nach Thema z. B. mögliche Jobs, Wohnmöglichkeiten, Freizeitaktivitäten)?
- Ressourcen: Wo kann man sich hinwenden? Wer kann helfen? Wen kennen wir? Welche Mittel stehen zur Verfügung?
- Aktionsplan: Was sind die nächsten Schritte? Wer macht was mit wem bis wann?

[81] die Fragen orientieren sich an dem sehr empfehlenswerten Buch von Josef W. SEIFERT: Moderation und Kommunikation (SEIFERT 2009)

Prozessfragen

Während des Planungsprozesses kann es dann wichtig sein, den Planungsprozess durch Fragen zu steuern:

Einstieg

- Wissen alle, was ein persönliches Zukunftsplanungstreffen ist?
- Wie ist der Kenntnisstand bezüglich des Themas, das die Person gerne planen möchte?

Ziele und Themen für das Planungstreffen vereinbaren, ggf. Prioritäten setzen und Vorgehen klären

- Was ist das Ziel dieses Planungstreffens?
- Worüber soll heute gesprochen werden?
- Was ist für unser Treffen heute (besonders) wichtig? Welche Themen sollten vorrangig bearbeitet werden?
- Womit wollen wir beginnen?

Themen bearbeiten, Ideen sammeln – Probleme lösen

- Welche Möglichkeiten könnte es geben?
- Wie würde das aussehen? Wie würde das sein?
- Welche Rahmenbedingungen sind wichtig, damit dies erfolgreich laufen kann?
- Welche Probleme könnten auftreten? Was können wir dagegen tun?

Auf Kurs halten – Zielverfolgung überprüfen und Zeit im Blick haben

- „Entschuldigung, darf ich mal klären, ob wir noch auf Zielkurs sind?“
- „Sind wir noch beim Thema?“
- „Sollten wir dazu diesen Punkt vertiefen oder eher nicht?“
- „Hat noch jemand einen ganz wichtigen Punkt zu diesem Thema. Wir sollten sonst angesichts der Zeit jetzt zum nächsten Thema wechseln.“

Andere einbeziehen – Fragen zurückgeben

- Was meinen die anderen? Wäre das...
- Was meinen Sie dazu? Was meint die Hauptperson dazu?

Aktionsplan festlegen

- Was werden wir nun ganz konkret tun?
- Wer macht was mit welcher Zielsetzung?
- Wer behält die Umsetzung unserer Planung im Blick?

Planungstreffen abschließen

- Wie zufrieden sind Sie mit diesem Treffen?
- Sind wir heute unserem Ziel näher gekommen?
- Soll sich die Planungsgruppe noch einmal treffen?

Gute Fragen können sicherlich bei der Moderation eines Zukunftsplanungstreffens helfen. Es handelt sich dabei um die Anwendung ganz normaler guter Moderationstechniken, die auch in vielen anderen Bereichen verwendet werden.

Zukunftsplanung bringt Dynamik in das System
Persönliche Zukunftsplanung ist systemisch betrachtet ein Instrument zur Veränderung des Systems einer Person. Veränderungsimpulse können aber im wahrsten Sinne des Wortes Dynamik in das System bringen. Das bisherige eingespielte System wird in Frage gestellt und zunächst vielleicht aus dem Gleichgewicht gebracht.

Die gewünschten Veränderungen können beispielsweise neue Regeln erfordern, die Beteiligten müssen eventuell neue Rollen einnehmen, was auch eine Verschiebung von Machtverhältnissen nach sich ziehen kann. Solche Veränderungen können positive Dynamik, aber auch Befürchtungen, Ängste und Widerstände auslösen, die im Zukunftsplanungstreffen deutlich werden. Im Laufe eines Planungsprozesses kann es also immer mal wieder vorkommen, dass einige TeilnehmerInnen blockieren, negative Äußerungen und sogenannte Killerphrasen den Planungsprozess erschweren. Es kann dabei z. B. zu Abwertung oder Bevormundung der planenden Person kommen, einige TeilnehmerInnen sind vielleicht übergriffig. Nicht-wahrhaben-wollen oder Nicht-zulassen-können sind ebenfalls Haltungen, die im Laufe eines Zukunftsplanungstreffen auftauchen können. Auch eine Ablehnung der Inhalte der Zukunftsplanung der Hauptperson oder offener Widerstand dagegen kann von einigen TeilnehmerInnen gezeigt werden. Dies führt oft zu einer „Abwärtsspirale der Unmöglichkeiten“, in der der Fokus auf die Defizite der Person, Behinderung, auf das, was schon einmal schief gelaufen ist oder auf Unmöglichkeiten gelegt wird, und die wie ein Strudel alle Beteiligten nach unten zieht.

Abwärtsspirale der Unmöglichkeiten

Fokus
- auf Defizite der Person
- auf Behinderungen
- auf Schwierigkeiten
- auf das, was schon einmal schiefgelaufen ist
- auf das, was nicht geht
- auf Unmöglichkeiten
- auf eine problematische Zukunft

Negative Sprache
...zieht wie ein Strudel alle herunter
Desillusionierung als Programm
Träume zerschießen, Hoffnung nehmen

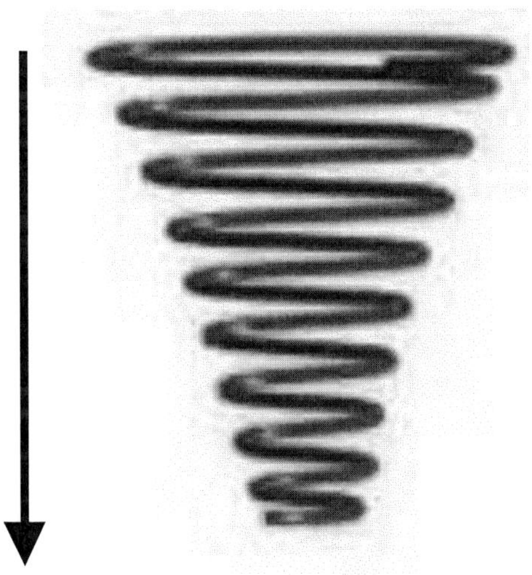

Die Ursache für diese negativen Dynamik können vielfältig sein: Oft sind es Ängste und Befürchtungen, dass die planende Person nicht mit der Zukunftsplanung erfolgreich sein könnte. Die Angst vor Verletzungen, aber auch das Deutlichwerden von Grenzen können Widerstände auslösen. Die Beziehungen der planenden Person zu einzelnen Personen sind vielleicht ambivalent, von Abhängigkeiten bestimmt oder stark hierarchisch geprägt. Personen im Unterstützerkreis wie z. B. BetreuerInnen oder Eltern können aber auch ihre eigenen Interessen gefährdet sehen oder einen Machtverlust befürchten.

Eine Zukunftsplanung löst aber viel häufiger eine positive Dynamik aus: Das Selbstvertrauen der planenden Person wird durch positive Rückmeldungen gestärkt. Es wird eine wünschenswerte, attraktive Zukunftsvision sichtbar. Der Blick weitet sich, die TeilnehmerInnen bringen verschiedene Ideen zusammen. Das Puzzle fügt sich zusammen, neue Lösungsmöglichkeiten entstehen. Es gibt eine gute Arbeitsteilung im Unterstützerkreis. Keiner hat mehr das Gefühl alles alleine zu tun. Es gibt eine gegenseitige Wertschätzung. Eine bessere Abstimmung und Vernetzung wird möglich. Erste Erfolge werden erzielt und motivieren zur Weiterarbeit. Diese positive Dynamik gilt es in der Moderation von Unterstützungskreisen zu fördern und zu nutzen.

Dennoch kann es sein, dass man sich als ModeratorIn Gedanken machen muss, wie man auch negative Dynamik auffangen und damit umgehen kann. Die ModeratorIn eines Unterstützungskreises sollte bereits im Vorfeld mögliche Tretminen oder Fettnäpfe, aber auch konsensfähige Punkte und mögliche Fürsprecher im Unterstützungskreis erkunden. Alle Perspektiven sollten erst mal gleichberechtigt ernst genommen und den TeilnehmerInnen unterstellt werden, dass sie an einer lebenswerten Zukunft der planenden Person interessiert sind und ihren Beitrag dazu leisten wollen. Dies steht nicht im Widerspruch zu einer grundsätzlichen Parteilichkeit der ModeratorIn zu der planenden Person. Ihre Aufgabe ist es auch Übergriffe, Abwertungen oder Beleidigungen zu stoppen und Grenzen zu ziehen. Nur ist es wichtig, die verschiedenen Perspektiven wahrzunehmen, Befürchtungen und Widerstände weisen oft auf Punkte hin, die gelöst werden müssen, um die Zukunftspläne der planenden Person erfolgreich umzusetzen. Es ist in diesen Fällen sinnvoll, auf das gemeinsam vereinbarte Ziel des Planungstreffens zurückzukommen. Befürchtungen sollten als Befürchtungen der Person genommen werden, Löschungsvorschläge erkundet und mit Gegenfragen bewusst andere Perspektiven erfragt werden. Ein zusätzliches Plakat (Joker-Plakat) kann Befürchtungen und Ängste einer Person als *deren* Ängste festhalten oder Punkte auflisten, die nicht in diesem Zukunftsplanungstreffen behandelt werden sollen, aber nicht in Vergessenheit geraten sollen. Dies schafft manchmal wieder Raum, um sich auf das Ziel des Zukunftsplanungstreffens zu konzentrieren. Dies geht am besten, wenn alle gemeinsam dazu mithelfen (ausnahmsweise) die Stärken und Fähigkeiten in den Vordergrund zu rücken, Hindernisse zu überwinden und gemeinsam nach neuen Möglichkeiten mit der Person zu suchen.

Gesprächssackgassen und Killerphrasen auflösen

Die folgenden Fragetechniken können vielfach eine Hilfe sein, Blockaden und Killerphrasen aufzulösen:

Blockaden auflösen

- *„Das geht nicht“*
    - „Was genau geht Ihrer Meinung nach nicht?“
    - „Unter welchen Umständen würde es gehen?“
    - „Und wenn es gehen müsste, was müssten wir tun?“
- *„Das ist unmöglich“*
    - „Was ist unmöglich?“
    - „Was macht sie so sicher?“
    - „Unter welchen Umständen wäre es möglich?“

- *„Das kann ich nicht"*
  - „Was können Sie nicht?"
  - „Was bräuchten Sie, damit Sie es könnten?"
  - „Was würde Ihnen dabei helfen?"

Unspezifische Begriffe konkretisieren

- *„Er muss noch viel selbstständiger werden"*
  - „Was meinen Sie genau mit selbstständig werden?"
  - „Über welche Dinge würden Sie sich freuen, wenn sie ... selber erledigen könnte?"
  - „Was würde ihm ihrer Meinung nach dabei helfen, diese Dinge selber tun zu können"

Verallgemeinerungen relativieren

- *„Sie kommt doch immer zu spät?"*
  - „Wann haben sie das das letzte Mal beobachtet?" (Konkretisierung)
  - „Gibt es Situationen, bei denen sie pünktlich kommt?" (Gegenbeispiele erfragen)
  - „Heute waren Sie aber pünktlich." (offensichtliche Gegenbeispiele bringen)
  - „Wie schätzen Sie das selber ein?" (bei der betreffenden Person nachfragen)
  - „Wovon hängt es ab, ob Sie pünktlich sind?" (Bedingungen erkunden)

Implizite Annahmen überprüfen

- *„Mit der Behinderung ist das doch undenkbar"*
  - „Wie kommen Sie zu der Annahme?"
  - „Hat jemand eine Idee, wie es doch gehen könnte?"
  - „Kennt jemand andere Beispiele von Menschen mit einer ähnlichen Behinderung, die es geschafft haben?"
  - „Wie können wir es überprüfen, dass/ ob es wirklich nicht geht?"

Vergleiche konkretisieren

- *„Das ist doch genau dasselbe wie damals in der Schule"*
  - „Was meinen sie damit genau?"
  - „Welche Punkte sind vergleichbar?" „Welche nicht?"
  - „Handelt es sich wirklich um vergleichbare Situationen oder Dinge?" „Was ist gleich?" „Was ist anders?"

Den positiven Gehalt der Äußerung erkennen (Reframing)

- *„Da er immer seine Medikamente vergisst, kann er nicht alleine wohnen"*
  - „Sie wollen, dass es ihrem Sohn gesundheitlich gut geht. Das kann ich gut nachvollziehen."
  - „Wie könnten wir auch in einer eigenen Wohnung sicherstellen, dass er auf jeden Fall die notwendigen Medikamente nimmt?"

Zusammenfassung der Grundhaltung für die Moderation

Die Moderation von persönlichen Zukunftsplanungstreffen und Unterstützerkreisen benötigt nach John O'Brien besonders geschulte Augen, Ohren und Münder:

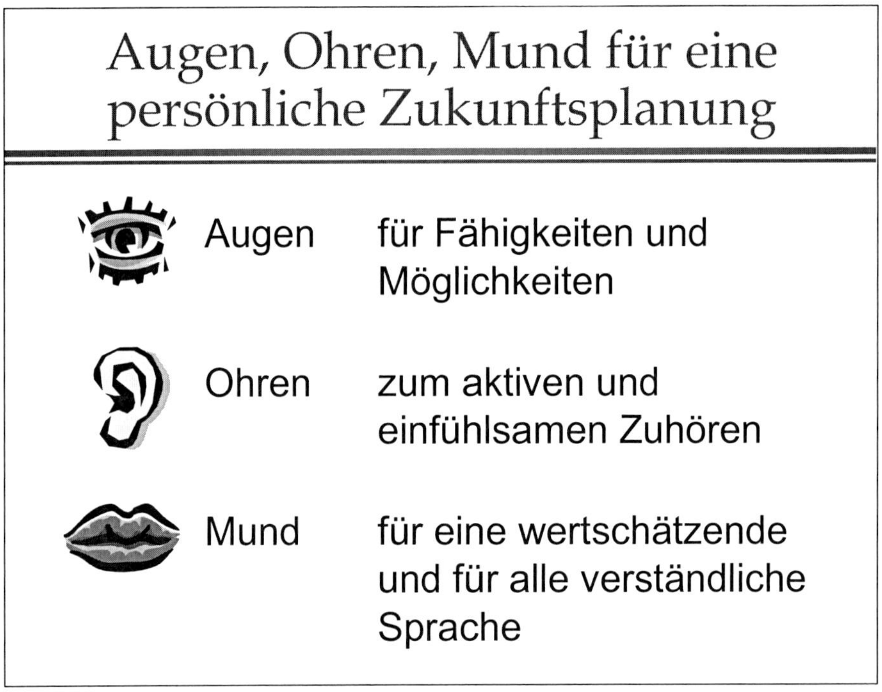

Augen für Fähigkeiten und Möglichkeiten

Blicke können ermuntern und Blicke können erniedrigen und einen vernichten. Es hängt viel davon ab, wie mich andere wahrnehmen, wer ich in ihren Augen bin: Sehen sie mich als einzigartige Person mit meinen Stärken und Fähigkeiten oder können sie an mir nur meine Behinderung und meine Defizite wahrnehmen?
Welche „Ansehen" ich genieße, spiegelt sich im wahrsten Sinne des Wortes, in den Blicken der anderen, im „Übersehen" meiner Person oder „Wegsehen" wider.

Eine ModeratorIn und UnterstützerIn hat in der Persönlichen Zukunftsplanung die Aufgabe die Blicke auf die Person mit ihren Stärken und Fähigkeiten zu lenken.
Auch im übertragenen Sinne können viele Menschen vielleicht nur die Barrieren und Hindernisse sehen, so dass es die Aufgabe der ModeratorIn und UnterstützerIn ist, den Blick auf die Möglichkeiten und Problemlösungen zu lenken. Das heißt nicht reale Schwächen und Barrieren zu übersehen, aber gerade in diesen Punkten den geschärften Blick für Stärken und Möglichkeiten zu behalten.

Ohren zum aktiven und einfühlsamen Zuhören

Es gibt unterschiedliche Wege zuzuhören. Man kann nicht richtig hinhören, nicht hören wollen oder von oben herab als ExpertIn zuhören. Menschen mit Beeinträchtigungen und ihre Eltern berichten oft, dass ihnen nicht richtig zugehört wird oder ExpertInnen von oben herab und nur im Hinblick auf ihre Fragestellung zuhören.
Die unterstützte Arbeitnehmerin Mary Grant hat dies einmal so ausgedrückt:
„Fachleute hören, aber sie verstehen nicht [...]. Sie wollen dich in die Vorstellungen einpassen, die sie in der Schule gelernt haben." [82]

[82] BROOKE 1992, 24

Man kann aber auch mit dem ganzen Körper geduldig zuhören, aufmerksam zugeneigt sein und ein wirklich offenes Ohr haben. Wir haben sicherlich schon selbst einmal erfahren, wie die Art, wie uns jemand zugehört hat, und es uns leicht gemacht hat, zu sprechen und wie wir auf einmal Dinge sagen konnten, die uns selbst erstaunt haben.[83] Dieses öffnende Zuhören ermutigt Menschen, Wünsche, Träume, Gedanken, aber auch Befürchtungen und Albträume zu äußern, die sonst nie über ihre Lippen gekommen wären. Jeder Mensch hat andere Menschen verdient, die ihm zuhören und ihn verstehen. Die ModeratorIn und UnterstützerIn in Persönlicher Zukunftsplanung sollte aufmerksam und geduldig zuhören, auf Zwischentöne achten und der Hauptperson Gehör verschaffen. Dies gilt insbesondere für Menschen, die sich nur schwer ausdrücken können oder mit Hilfsmitteln der Unterstützten Kommunikation sich verständigen, was oft sehr, sehr viel länger dauert.

Mund für eine wertschätzende und für alle verständliche Sprache

PädagogInnen und andere Fachleute sprechen oft eine Sprache, die Menschen mit Beeinträchtigungen, Eltern und andere normale Menschen außerhalb dieses Feldes nicht verstehen. Fachwörter, Fremdwörter und Abkürzungen werden benutzt und als allgemein verständlich vorausgesetzt. Einfache Sprache, Beispiele und Bilder erleichtern allen Zuhörern das Verstehen. Viele Einrichtungen der Behindertenhilfe haben übrigens Informationsblätter, die sich sprachlich eher an andere PädagogInnen als an die Zielgruppe von Menschen mit Lernschwierigkeiten und ihre Familien richten. Wenige Einrichtungen nutzen Menschen mit Lernschwierigkeiten als ExpertInnen für einfache Sprache zum Korrekturlesen. Tipps für Leichte Sprache findet man auf der Internetseite des Netzwerks Leichte Sprache (www.leichtesprache.org) und Bild-Wörterbüchern für Leichte Sprache[84].

Die ModeratorInnen und UnterstützerInnen sollten darauf achten, dass eine für alle Beteiligten verständliche Sprache verwendet wird und ggf. andere Beteiligte daran erinnern oder Abkürzungen und Fachbegriffe noch einmal für alle erläutern. Bewährt hat sich ein rotes Schild *„Halt! Leichte Sprache“*, das von allen Beteiligten, besonders aber der Hauptperson hochgehalten werden kann, wenn ein Wort unverständlich ist. Die Illustration des Zukunftsplanes mit einfachen Zeichnungen durch eine weitere Person, die die Ergebnisse der Planung für alle sichtbar festhält, oder die Verwendung von Bildern und Clip-Arts erhöht oft die Verständlichkeit und Einprägsamkeit der Ergebnisse für alle Beteiligten.

Worte können nicht nur unverständlich sein, sie können auch verletzen und diskriminieren. Die ModeratorIn sollte darauf achten, dass in einer positiven, wertschätzenden Weise miteinander gesprochen wird und keiner beschimpft, beleidigt oder mit negativen und abschätzigen Worten beschrieben wird.

Persönliche Zukunftsplanung benötigt also den Blick für Fähigkeiten und Möglichkeiten, gutes, aktives Zuhören und eine für alle verständliche positive Sprache. Sie basiert auf gegenseitiger Wertschätzung, gleichberechtigter Begegnung auf Augenhöhe, guten Fragen, der Suche nach Möglichkeiten, kraftvollen Visionen, gemeinsamer Problemlösung und konkreten Aktivitäten zu einer gleichberechtigten Teilhabe aller.

---

[83] vgl. die schöne Passage aus dem Buch „Momo“ von Michael ENDE im Materialteil im Anhang
[84] MENSCH ZUERST 2008, sehr empfehlenswert auch LEBENSHILFE BREMEN 2013 mit Bilder-DVD

Planungsformate für Unterstützungskreise[85]

Die ***Persönliche Lagebesprechung*** wurde von Helen Sanderson als personenzentrierte Alternative zu einer Hilfeplanung entwickelt[86]. Mit ihr kann man sich einen Überblick über die aktuelle Situation verschaffen, wichtige Themen herausfiltern und erste Schritte planen.

MAPS wurde von Marscha Forrest und Jack Pearpoint entwickelt. Bei MAPS geht es darum die Geschichten der Person, ihre Träume und Albträume sowie ihre Gaben wahrzunehmen und zu erkunden. Anschließend wird gemeinsam erarbeitet, wie sich die Person in die Gemeinschaft einbringen kann und welche Schritte jetzt für sie wichtig sind[87].

PATH wurde von Jack Pearpoint, John O'Brien und Marscha Forrest Anfang der 1990er Jahre entwickelt. PATH eignet sich für Personen, die eine Vorstellung davon haben, wie die Situation in Zukunft sein soll, aber den Weg dorthin noch klären müssen. Der PATH-Prozess setzt an den gemeinsamen Werten und Visionen der planenden Person und ihres Unterstützungskreises an, zeichnet eine wünschenswerte Zukunft. Er beschreibt die gegenwärtige Situation, sucht dann Unterstützerinnen und Unterstützer sowie Stärkungsmöglichkeiten für den Weg, beschreibt wichtige Zwischenschritte und endet mit einem konkreten Aktionsplan für den nächsten Monat. Der PATH-Prozess kann sowohl für einzelne Personen, Familien und Projekte als auch Organisationen genutzt werden[88].

Persönliche Lagebesprechung

Die Persönliche Lagebesprechung ist ein personenzentriertes Planungsformat. Sie eignet sich gut dazu, einen schnellen Überblick über die aktuelle Situation zu bekommen, wichtige Themen herauszufiltern und erste Schritte zu planen. Die Stärke dieser Methode besteht darin, dass mit ihrer Hilfe die Situation aus verschiedenen Perspektiven, beispielsweise der planenden Person, der Familie oder von Fachkräften, erfasst wird.
Die Persönliche Lagebesprechung wurde von Helen Sanderson als personenzentrierte Alternative zu einer Hilfeplanung entwickelt. Sie kann mit der planenden Person in einem Unterstützungskreis oder mit einer Gruppe von Personen durchgeführt werden. Der Prozess wird von einer Person moderiert.
Die Persönliche Lagebesprechung besteht aus neun Elementen, die auf neun Plakaten zusammengetragen werden. Diese Plakate werden im Raum aufgehängt. Die Lagebesprechung dauert mindestens anderthalb bis zwei Stunden. Steht diese Zeit nicht zur Verfügung, kann auch die kürzere Version mit nur sechs Fragen wählen. Mit dieser Version kann man herausfinden, was zurzeit gut läuft und was nicht, und anschließend die verschiedenen Perspektiven aufzeigen. Sie dauert mindestens eine Stunde.

---

[85] die Abschnitte zur Arbeit mit Unterstützungskreisen und die verschiedenen Planungsformate wurden vom Autor für die Weiterbildung Persönliche Zukunftsplanung neu ausgearbeitet und in ähnlicher Form für die Veröffentlichungen im Internet für das Training Pack des Projektes New Paths to Inclusion www.personcentredplanning.eu und das Onlinehandbuch Inklusion als Menschenrecht www.inklusion-als-menschenrecht.de zur Verfügung gestellt.
[86] Vgl. SANDERSON/MATHIESEN 2003
[87] O'BRIEN, PEARPOINT, KAHN 2010
[88] O'BRIEN, PEARPOINT, KAHN 2010

[Übersicht der Persönlichen Lagebesprechung nach SANDERSON/GOODWIN 2010]

Der Prozess gliedert sich in drei Phasen[89]:

- ankommen und orientieren,
- Ideen zusammentragen,
- Aktionsplan erstellen.

Phase 1: Ankommen und Orientieren

Die ModeratorIn begrüßt gemeinsam mit der Hauptperson die Teilnehmenden des Unterstützungskreises und erläutert die Ziele sowie den Ablauf der Persönlichen Lagebesprechung. Im Raum hängen die vorbereiteten Plakate.

Plakat 1: „Wer ist da?“

Am Anfang stellt sich jeder und jede vor und sagt, in welcher Beziehung er oder sie zur planenden Person steht (Vater, Betreuerin, Freund...). Alle tragen sich auf dem Willkommensplakat „Wer ist da?“ ein.

Plakat 2: „Gesprächsregeln“

Jetzt bespricht die ModeratorIn mit der planenden Person und der Gruppe die Gesprächsregeln für das Treffen. Sie werden gut sichtbar auf dem Plakat „Gesprächsregeln“ aufgeschrieben.

Dies können Dinge sein wie:

- zuhören und ausreden lassen
- wertschätzend miteinander umgehen
- Vertraulichkeit des Gesagten
- Leichte Sprache
- Rechtschreibfähler sind in Ordnung

[89] nach SANDERSON/MATHIESEN 2003

- jeder sorgt dafür, dass die Dinge, die ihn beschäftigen, eingebracht werden
- alle Beiträge sind wertvoll
- es gibt keine dummen Fragen
- Handys aus- oder stummschalten

Plakat 3: „Was wir an … (Name) schätzen und mögen"
Die ModeratorIn bittet die Teilnehmenden des Unterstützungskreises zu sagen, was sie an der planenden Person schätzen und mögen. Welche Gaben, Stärken und Fähigkeiten hat die Person? Was bringt sie positiv in die Welt, was sonst nicht da wäre? Die Aussagen werden auf einem Plakat festgehalten und gegebenenfalls durch kleine Zeichnungen ergänzt.

Phase 2: Ideen zusammentragen
Die ModeratorIn erläutert die noch ausstehenden Plakate (Plakat 4 bis 8) mit ihren Überschriften. Danach nimmt sich jeder einen Stift in der Farbe seiner Wahl und schreibt bzw. malt zu jedem Thema das, was ihm einfällt und wichtig ist. Diese Phase dauert etwa 20 Minuten. Wenn die Hauptperson dies möchte, kann im Hintergrund leise Musik ihrer Wahl gespielt werden. Etwas beschwingte, anregende Musik eignet sich dafür gut.
Dabei muss sichergestellt werden, dass Personen, die nicht schreiben können, jemanden haben, der ihnen die Punkte vorliest und etwas für sie aufschreibt. Es kann natürlich auch gemalt werden.
Die ModeratorIn geht während dieser Phase im Raum umher, ermuntert alle und klärt Fragen. Sie verschafft sich einen ersten Überblick über die Plakate.

Plakat 4: „Was läuft gut? Was läuft nicht gut?"
Dieses Plakat ist zentral für die Persönliche Lagebesprechung. Hier schreiben die Teilnehmenden aus unterschiedlichen Perspektiven auf, was ihrer Meinung nach im Leben der Hauptperson gut bzw. nicht gut läuft.
Dazu wird entweder ein großes Plakat in verschiedene Abschnitte unterteilt (Sichtweise der Hautperson, Sichtweise der Familie, der Fachleute etc.) oder für jede Sichtweise ein eigenes Plakat verwendet.

Plakat 5: „Offene Fragen – Probleme, die gelöst werden müssen"
Auf dieses Plakat können offene Fragen geschrieben werden.
Das können Fragen sein,

- zu denen noch weitere Informationen gesammelt werden müssen,
- zu denen es unterschiedliche Einschätzungen gibt,
- bei deren Beantwortung andere Personen einbezogen werden müssen.

Diese Fragen werden anschließend bei der Aktionsplanung aufgegriffen.

Unterschied zwischen den Planungsvarianten
Wenn Sie die Kurzversion der Persönlichen Lagebesprechung gewählt haben, kommen Sie nun zur Phase der Aktionsplanung.
In der ausführlichen Version folgen noch drei Plakate. Sie bauen auf anderen Methoden personenzentrierten Denkens von Helen Sanderson auf. Hier wird beispielsweise zwischen Dingen, die einer Person wichtig sind, und Punkten, die für sie wichtig sind um gesund und sicher zu sein, unterschieden. Zudem werden die Zukunftsträume thematisiert.

Plakat 6: „Was ist … (Name) jetzt wichtig?“
Auf diesem Plakat werden Dinge zusammengetragen, die der Hauptperson zurzeit im Leben wichtig sind. Was soll in ihrem Leben unbedingt vorkommen, was vermieden werden? Es kann dabei um die Beziehungen zu anderen Menschen, um den Tages- und Wochenablauf oder um positive Routinen gehen.
Soweit möglich sollten die Äußerungen der Hauptperson auf dieses Plakat geschrieben werden; wenn nötig wird sie durch andere Menschen, die für sie schreiben oder malen, unterstützt. Ist dies nicht möglich, kann man Äußerungen oder Verhaltensweisen der Person aufschreiben.
Soweit irgendwie möglich sollte die Sichtweise der Hauptperson selbst auf dem Plakat notiert werden, nicht die der UnterstützerInnen.

Plakat 7. „Was ist … (Name) in Zukunft wichtig?“
Dieses Plakat fängt die Wünsche, Zukunftsträume und Ziele der Hauptperson ein. Was wünscht sie sich? Wie soll ihr Leben in Zukunft aussehen?
Auch dieses Plakat sollte - soweit möglich - die Perspektive der Hauptperson widerspiegeln. Die Plakate können schon vor dem Treffen vorbereitet werden, so dass die Hauptperson etwas mitbringen und aufhängen kann, beispielsweise selbst gezeichnete Bilder, Fotos, Collagen.
Sollte die Person keinen Begriff von Zukunft haben, können auch die Wünsche und Träume der engsten Vertrauten für die Zukunft der Person notiert werden.

Plakat 8: „Was braucht … (Name), um gesund und sicher zu sein?“
Auf diesem Plakat können die Anwesenden Dinge eintragen, die für die Gesundheit und Sicherheit der Hauptperson wichtig sind. Welche Voraussetzungen müssen gegeben sein, damit sie die Dinge tun kann, die ihr wichtig sind? Wer muss um diese Voraussetzungen wissen, damit er oder sie die Hauptperson angemessen unterstützen kann? Dies ist besonders bei Menschen mit chronischen Erkrankungen oder einer Behinderung wichtig.

Phase 3: Aktionsplanung
Die ModeratorIn bittet die Teilnehmenden nach etwa 20 Minuten, wieder Platz zu nehmen. Jetzt werden die Ergebnisse zusammen gesichtet. Dabei wird mit dem Plakat „Was läuft gut und was läuft nicht gut“ und den offenen Fragen begonnen, anschließend werden die anderen Plakate besprochen und Verständnisfragen gemeinsam geklärt.

Dann sollten sich die Anwesenden schnell einigen, welche Punkte beim Erstellen des Aktionsplans berücksichtigt werden sollten. Gibt es viele Themen, können die Teilnehmenden mit drei Klebepunkten, die wichtigsten markieren. Die Klebepunkte der Hauptperson können eine andere Farbe haben, um sicherzustellen, dass ihre Themen auf jeden Fall Beachtung finden.

Plakat 9: „Aktionsplan“
Auf dem letzten Plakat wird festgehalten, wer was bis wann tut. Hier geht es darum, mit der Hauptperson und dem Unterstützungskreis die nächsten Schritte konkret festzuhalten.
Dies können zum einen Schritte sein, die verbessern, was zurzeit nicht gut läuft, oder offene Fragen klären. Es können aber auch Schritte sein, die dazu beitragen, dass das, was gut läuft, weiterhin gut läuft. Dabei müssen die Punkte der Hauptperson berücksichtigt werden, es geht schließlich um die Verbesserung ihres Lebens.

Die Schritte sollten konkret formuliert sein, alle Beteiligten müssen, wissen, was zu tun ist.

Gemeinsam wird eine Person gesucht, die die Persönliche Lagebesprechung dokumentiert und den Aktionsplan an alle Beteiligten schickt. Manchmal müssen auch andere Personen informiert werden.

Außerdem sollte mindestens eine Person festgelegt werden, die für die Umsetzung des Aktionsplans verantwortlich ist. Im Unterstützungskreis wird diese Rolle, wie bereits erwähnt, auch als AgentIn bezeichnet. Die Hauptperson sollte - soweit möglich und sinnvoll - in die Umsetzung des Aktionsplans einbezogen werden und diesen unterstützen.

Aus der Persönlichen Lagebesprechung kann sich auch der Bedarf einer umfassenderen Aktionsplanung ergeben, die zum Beispiel mit einem PATH-Prozess gestaltet werden kann.

Abschluss des Treffens
Am Ende der Persönlichen Lagebesprechung bittet die ModeratorIn die Teilnehmenden folgende Fragen zu beantworten: Was ist an dem Prozess gut gelaufen, was nicht? Was könnte das nächste Mal besser gemacht werden?

Was benötigt man für eine Persönliche Lagebesprechung?
Der Prozess sollte mindestens von einer ModeratorIn begleitet werden. Man benötigt ein bis zwei Stunden Zeit.
Der Raum sollte groß genug für die Gruppe sein und Platz für die Plakate (Flipchart-Papiere) an Wänden oder Stellwänden bieten. Die Teilnehmenden sitzen möglichst im Halbkreis oder im doppelten Halbkreis.
Papier und Flipchart-Marker in verschiedenen Farben, die nicht durch das Papier drücken, sollten in ausreichender Menge vorhanden sein.
Ein CD-Player, um von der Person ausgewählte Musik oder anregende Hintergrundmusik zu spielen, sowie

MAPS

Bei MAPS geht es darum, die Geschichte der Person, ihre Träume und Albträume sowie ihre Gaben zu erkunden, um dann zu sehen, was sie benötigt, um ihre Gaben in die Gemeinschaft einbringen zu können. Die planende Person und die Menschen, die sich ihr verbunden fühlen, vergewissern sich der Gaben der Person und dessen, was in ihrem Leben wirklich wichtig ist. Erst danach geht es an die konkrete Handlungsplanung.
Bei Menschen mit schweren und mehrfachen Beeinträchtigungen sind es manchmal die Familien, die einen MAPS-Prozess für die Person machen. Die Person mit der schweren und mehrfachen Behinderung ist die Person, die im Blickpunkt steht, aber die Eltern bzw. die Familie planen. Die Hauptperson und seine Sichtweise sollten soweit wie möglich einbezogen werden.

MAPS wurde von Marscha Forrest und Jack Pearpoint in den 1980er Jahren in den USA entwickelt. MAPS stand zunächst als Abkürzung für „Making Action Plans“ – „Aktionspläne machen“, wird aber heute von den AutorInnen nur noch in der Kurzform benutzt. Das englische Wort „map“ bedeutet auch Landkarte, die zur Orientierung genutzt werden kann. MAPS umfasst sechs Schritte, die auf einem großen Plakat grafisch festgehalten werden können[90]:

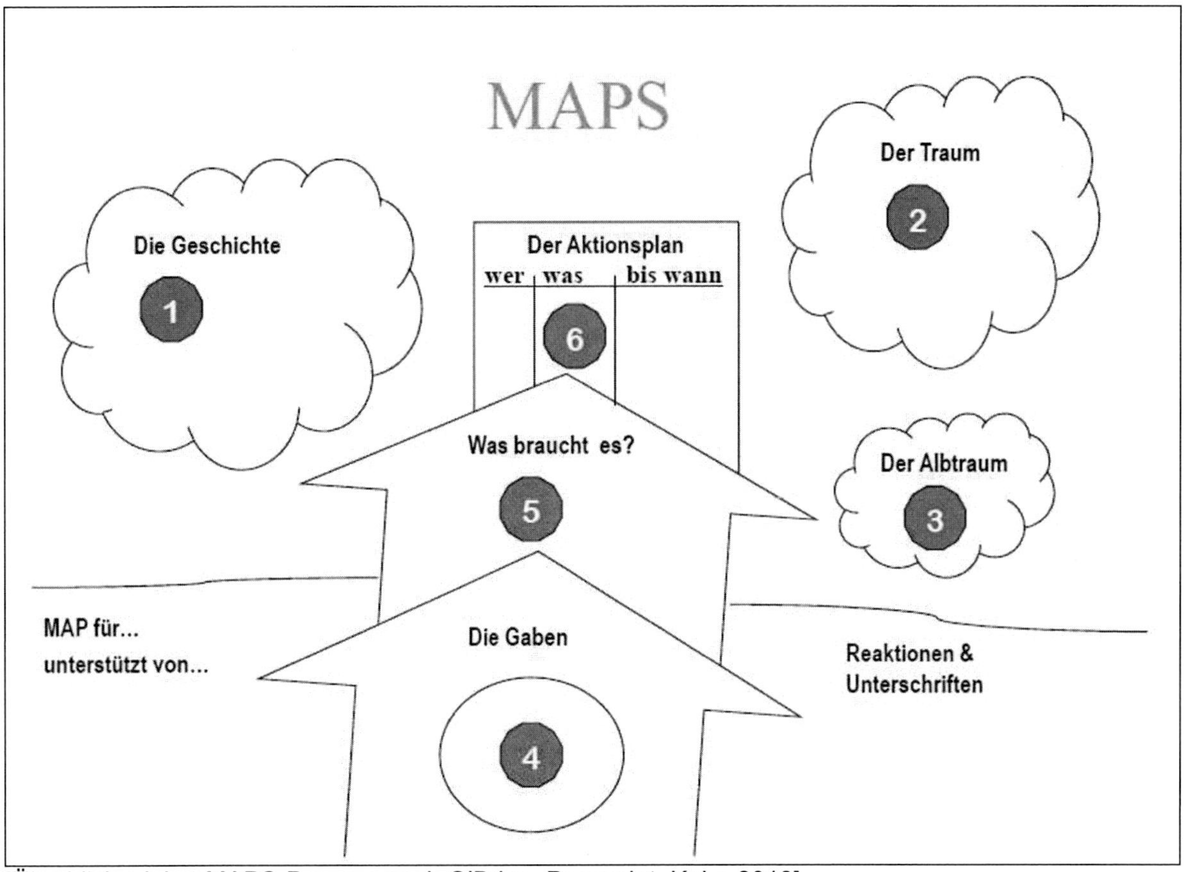

[Überblicksplakat MAPS-Prozess nach O'Brien, Pearpoint, Kahn 2010]

Was sind die Schritte bei MAPS?

Begrüßung und Vorstellung

Jede Person im Unterstützungskreis stellt sich vor und gibt Antwort auf die Frage „Warum ist es mir wichtig, heute hier zu sein?“. Die ModeratorIn und die Person, die zeichnet, malt und schreibt, stellen sich vor und erläutern ihre Rolle und den Ablauf des Prozesses sowie die Gesprächsregeln.

1 Die Geschichte

Es werden drei Geschichten aus dem Leben der im Mittelpunkt stehenden Person erzählt, die etwas mit den aktuellen Veränderungen zu tun haben. Zwei Geschichten sollen aus der Vergangenheit kommen, eine aus der Gegenwart. In der Regel erzählt die Person die Geschichten selbst, bei Menschen, die sich nicht lautsprachlich äußern können, können ggf. auch die Eltern oder Vertraute die Geschichten erzählen. Die anderen Personen im Unterstützungskreis hören genau zu. Die Person, die zeichnet und malt, macht sich derweil Notizen und erste Skizzen. Nachdem die Geschichten erzählt wurden, fasst sie anhand ihrer Notizen jede Geschichte zusammen und fragt die planende Person, wie das Bild auf dem Plakat gezeichnet werden soll. Sie zeichnet es entsprechend der Vorgaben.

[90] nach O'BRIEN, PEARPOINT, KAHN 2010

2 Der Traum
Die planende Person wird aufgefordert, zu schildern, wie ihr Traum aussieht. *„Was ist mein Traum? Was möchte ich wirklich im Leben?"*
Die Person, die zeichnet und malt, entwickelt mit der planenden Person ein passendes Bild für ihren Traum. Dabei fragt sie gegebenenfalls nach, wie der Traum genau aussieht oder was das Wichtigste daran ist. Bei Menschen mit schwerer Behinderung kann statt dem Traum der Hauptperson (wenn er nicht zu erkunden ist), auch der Traum der Eltern oder des Unterstützungskreises für die Person im Vordergrund stehen, da die Eltern bzw. der Unterstützungskreis die eigentlich planenden Personen sind. Sie sind wie eine Fee oder ein Zauberer, die gute Wünsche für die Person haben.
Am Ende fragt die ModeratorIn die planende Person, welche Gaben, Stärken und Fähigkeiten von ihr in dem Traum deutlich werden. Die anderen im Unterstützungskreis hören weiterhin aufmerksam zu.

3 Der Albtraum
Der Albtraum steht für die schlimmste Möglichkeit, die für die planende Person eintreten könnte. Er drückt das aus, was zutiefst unerwünscht ist. Der Albtraum soll genannt, aber nicht im Gespräch vertieft werden. Die Person, die zeichnet, malt und schreibt, sucht mit der planenden Person ein einfaches Bild für den Albtraum mit wenigen Worten.

4 Die Gaben
Gaben sind Stärken und Fähigkeiten, die uns gegeben sind, damit wir anderen etwas geben kann. Der Unterstützungskreis ist nun an der Reihe, über die Gaben der Person nachzudenken. Dann werden mit Hilfe des Unterstützungskreises die Schlüsselbegriffe aus der Sammlung herausgesucht und in den Pfeil um den Kreis eingetragen (siehe Abbildung). Zum Schluss erstellt die Person, die zeichnet und malt, mit der planenden Person noch ein passendes Bild, das ihre Gaben symbolisiert.

5 Was braucht es?
Jetzt geht es darum herauszufinden, welche Bedingungen notwendig sind, damit die planende Person ihre Gaben bestmöglich einbringen kann, zum Beispiel in einer Schulkasse oder in der Freizeit. Sie wird von der ModeratorIn gefragt, was sie tun könnte, um ihre Gaben besser zur Geltung zu bringen.
Die schreibende und malende Person fängt Schlüsselbegriffe auf und malt schnelle Bilder dazu. Sie clustert diese, indem sie ähnliche Begriffe beieinander schreibt bzw. malt. Bei den besonders wichtig erscheinenden Bedingungen fragt die ZeichnerIn die planende Person nach Details für das Bild.

6 Der Aktionsplan
Die Moderation bittet zum Abschluss die Teilnehmenden des Unterstützungskreises, an die notwenigen nächsten Handlungsschritte zu denken:

- Menschen, die informiert und einbezogen werden müssen,
- Möglichkeiten, nach denen gesucht werden soll,
- Veränderungen, die ausgehandelt werden müssen.

Die Person, die schreibt, notiert die Ideen auf dem Skizzenblock. Die ModeratorIn fragt dann den Unterstützungskreis, welche zwei bis drei Aktionen ganz besonders wichtig für das weitere Vorankommen sind. Sie fragt dann die planende Person, ob zu diesen Punkten konkrete Schritte geplant werden sollen. Dann wird in das Plakat eingetragen, wer was bis wann macht.

Abschluss

Zum Abschluss kann die planende Person die Teilnehmenden des Unterstützungskreises einladen, das MAPS–Plakat zu unterzeichnen.
Die ModeratorIn schließt das Treffen damit, dass jede und jeder aus dem Unterstützungskreis einen Moment der Wertschätzung oder des Gefühls über das MAPS-Treffen äußern kann.

Was erfordert MAPS?

MAPS ist ein intensives Planungsverfahren, das eine erfahrene Moderation und eine Person, die zeichnet, malt und schreibt (graphic facilitator) erfordert. Die beiden sollten sich vorher ausführlich mit der Methode vertraut gemacht haben. Die Teilnehmenden des Unterstützungskreises sollten möglichst offen, wertschätzend und unterstützend sein. MAPS dauert mindestens zweieinhalb Stunden bis einen halben Tag.

PATH

PATH wurde von Jack Pearpoint, John O'Brien und Marscha Forrest Anfang der 1990er Jahre in den USA entwickelt. PATH stand zunächst als Abkürzung für „Planning Alternatives Tomorrows with Hope" – frei übersetzt „ein anderes Morgen mit Hoffnung planen", wird aber heute von den AutorInnen nur noch in der Kurzform benutzt. Das englische Wort „path" bedeutet auch Weg. PATH umfasst acht Schritte, die auf einem großen Plakat grafisch festgehalten werden (nach O'BRIEN, PEARPOINT, KAHN 2010):

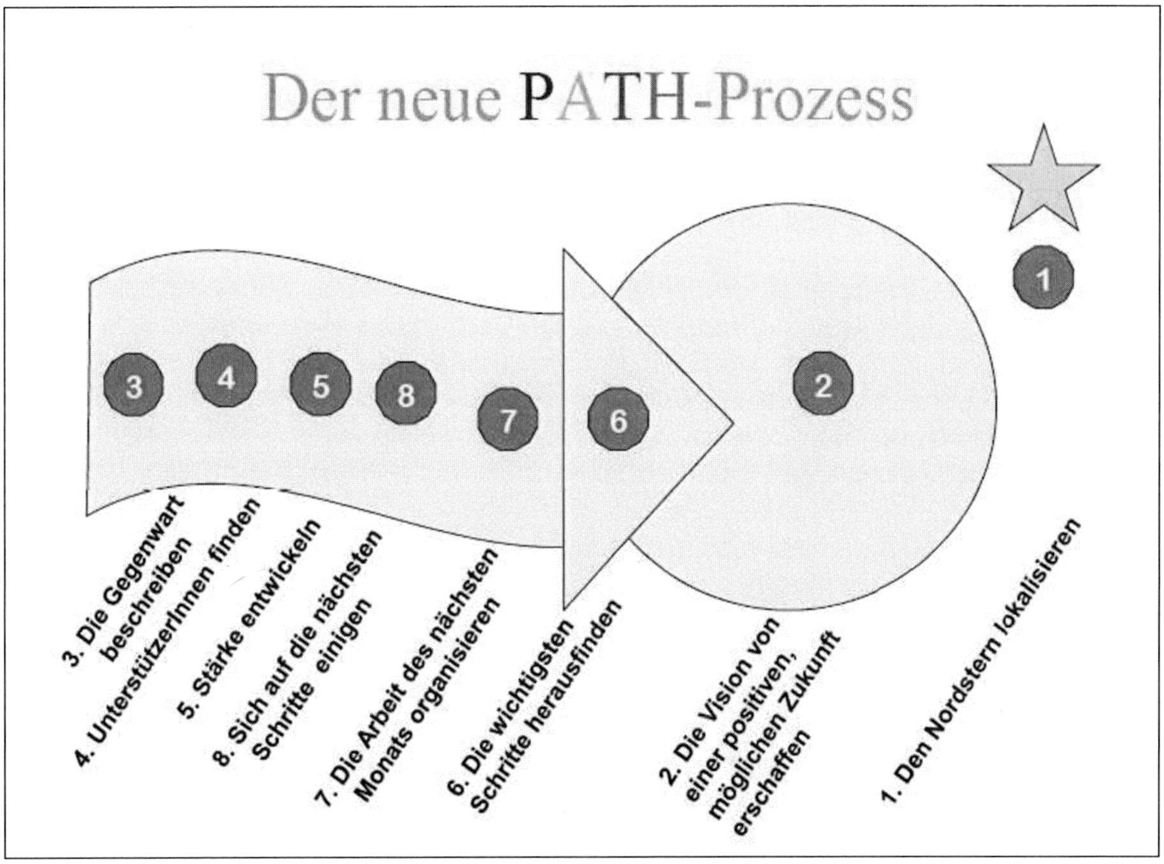

[Überblicksplakat PATH-Prozess nach O'Brien, Pearpoint, Kahn 2010]

Was sind die Schritte bei PATH?

Begrüßung und Vorstellung

Die Hauptperson oder eine vertraute Person eröffnet das Treffen, indem sie die Teilnehmenden des Unterstützungskreises herzlich begrüßt und kurz den Anlass und die Zielsetzung des PATH-Prozesses erläutert.
Jede Person im Unterstützungskreis stellt sich vor und sagt, wieso es ihr wichtig ist, heute dabei zu sein. Die Moderation und die Person, die zeichnet, malt und schreibt, stellen sich vor und erläutern ihre Rolle und den Ablauf des Prozesses sowie die Gesprächsregeln.

1 Den Nordstern lokalisieren

Der persönliche Nordstern umschreibt das, was die Hauptperson im Leben leitet, ihre Werte, Ziele und Ideale. Das Bild vom Nordstern beschreibt einen Punkt der Orientierung, wie ihn Seefahrende, EntdeckerInnen nutzten, um auf rauer See oder in unübersichtlichem Gelände weiter in die richtige Richtung zu reisen.
Dieser Schritt ermöglicht dem Unterstützungskreis, zu sehen und zu hören, was der planenden Person im Leben wichtig ist. Wenn sie mit ihrer Erzählung fertig ist, wird herausgefiltert, was der Kern des Nordsterns, das Allerwichtigste für sie ist. Wenn eine Person mit schwerer und mehrfacher Behinderung dies nicht selber äußern kann, ist es Aufgabe des Unterstützungskreises auf der Basis des Wissens, das sie über die Person haben, den Nordstern auszuformulieren.
Die ZeichnerIn entwickelt nun gemeinsam mit der Hauptperson auf dem Plakat ein Bild für den Nordstern. Zum Abschluss dieser Phase bittet die Moderation den Unterstützungskreis um eine wertschätzende Rückmeldung.

2 Die Vision von einer positiven, möglichen Zukunft erschaffen

Es geht in diesem Schritt darum, ein lebendiges Bild von den Möglichkeiten zu entwerfen, die der Unterstützungskreis zusammen mit der planenden Person in den nächsten ein bis zwei Jahren schaffen kann. Dazu reisen die Beteiligten mit einer Zeitmaschine ein bis zwei Jahre in die Zukunft. Beginnend und endend bei der planenden Person beschreiben sie im Präsens, welche positiven Veränderungen dank der harten Arbeit der planenden Person und des Unterstützungskreises möglich geworden sind, was die jetzige Situation so befriedigend macht und was die wichtigsten Erfolgsfaktoren und Schritte waren, um dorthin zu kommen.
Die ZeichnerIn schreibt, malt und clustert zusammengehörige Schlüsselbegriffe und Bilder in den großen Kreis auf dem Plakat, der Platz in der Mitte bleibt frei. Nachdem verschiedene Möglichkeiten sichtbar geworden sind, bittet die Moderation die planende Person, zu sagen, welche Möglichkeiten ihr am lebendigsten erscheinen und am wichtigsten sind.
Die Person, die zeichnet, malt und schreibt, und die Hauptperson arbeiten dann ein paar Minuten daran, ein passendes Bild zu erschaffen, welches den Kern der positiven Veränderungen widerspiegelt und in der Mitte des Kreises platziert wird.

3 Die Gegenwart beschreiben

Die ZeichnerIn überschreibt die erste Spalte mit „Jetzt“ und dem Datum des Tages. Die Moderation fasst die Vision der gewünschten Zukunft kurz zusammen und fragt dann nach einer Skizzierung der Situation in der Gegenwart. Die planende Person beginnt, die anderen Mitglieder des Unterstützungskreises helfen, weitere Details und wichtige Punkte hinzuzufügen. Es geht hier um eine schnelle Sammlung wichtiger Fakten. Die ZeichnerIn malt jetzt keine detaillierten Bilder mehr, sondern listet

einfach Punkte auf, die gegebenenfalls mit kleinen „Merkzeichnungen" ergänzt werden.
Am Ende kann die planende Person gefragt werden, ob sie eine Metapher, ein Bild, für ihren jetzigen Zustand hat und die Spannung zwischen Gegenwart und gewünschter Zukunft spürt.

4 UnterstützerInnen finden
Es kann keine Bewegung hin zu einer positiven Zukunft geben ohne das Engagement von Menschen. Nachdem der Unterstützungskreis den Nordstern der Person gesehen, die Vision einer positiven Zukunft erlebt und die Spannung zur jetzigen Situation gespürt hat, stellt sich nun die persönliche Frage, wer sich mit seinen Möglichkeiten aktiv am Erreichen der positiven Zukunft für die planende Person beteiligen will.
Nachdem die Hauptperson entschieden hat, ob sie den Plan verfolgen will und Mitglieder des Unterstützungskreises von der Moderation eingeladen wurden, an der Umsetzung mitzuwirken, tragen sich all diejenigen auf dem Plakat ein, die an der Verwirklichung des Zukunftsplanes teilhaben wollen. Außerdem werden weitere, nicht anwesende Personen identifiziert und aufgeschrieben, die zusätzlich eingeladen werden sollen, an diesem Prozess mitzuwirken. Ihre Mitwirkung sollte positiv sein und möglich erscheinen.

5 Stärken entwickeln
Der Weg zur Verwirklichung der positiven Zukunftsvision wird Kraft erfordern. Die planende Person und der Unterstützungskreis überlegen deshalb in diesem Schritt, wie sie sich stärken können. Über welche Kompetenzen, Ressourcen und Verbindungen verfügen sie bereits, welche müssen sie noch entwickeln? Dazu macht der Unterstützungskreis mit Hilfe des *Plakats „Stärker werden"* ein kurzes Brainstorming, welche Kompetenzen und Ressourcen bereits vorhanden sind und was zusätzlich gebraucht wird. Es geht dabei um die Bereiche:

- Menschen und Beziehungen: Wen kennen wir?
- Organisationen, Vereine und Gruppen: Wo gehören wir dazu? Wo sind wir Mitglied?
- Know-How: Welche Informationen, Kenntnisse und Fertigkeiten haben wir?
- Systeme: Was können die vorhandenen Systeme für uns tun? Welche Rechtsansprüche haben wir?
- Persönliche Energie und Gesundheit: Was können wir persönlich tun, um fit zu bleiben und uns zu stärken?

Dies wird in Stichworten aufgeschrieben. Nach dem Brainstorming werden die zentralen Punkte ausgewählt und auf dem PATH-Plakat in der Spalte „Stärke entwickeln" eingetragen.

6 Die wichtigsten Schritte herausfinden
Ziel dieses Schrittes ist es, zu überlegen, was nach etwa der Hälfte der Gesamtzeit erreicht sein sollte, um die Zukunftsvision zu verwirklichen. Dabei sollen die zwei oder drei großen Schritte identifiziert werden, die für den Erfolg entscheidend sind. Sie werden um jeweils zwei bis drei Unterpunkte ergänzt.

7 Die Arbeit des nächsten Monats organisieren
Der Monat nach dem ersten Treffen ist ein kritischer Zeitraum für die planende Person und den Unterstützungskreis. Es geht darum, erste detaillierte Absprachen unter den Beteiligten zu treffen, andere Personen mit einzubeziehen und Informationen einzuholen.
Beginnend mit der planenden Person, identifizieren die Anwesenden Ziele für den ersten Monat. Wenn einige Ziele herausgearbeitet sind, fragt die Moderation die planende Person, an welchem Ziel sie arbeiten möchte. Dann fragt sie, wer die Hauptperson dabei unterstützen kann. Die ZeichnerIn schreibt das Ziel und daneben die Namen auf. Dann werden die Mitglieder des Unterstützungskreises gefragt, ob sie der Hauptperson anbieten können, an anderen Zielen mitzuarbeiten und ob sie dies mit jemand zusammen tun wollen. Angebote, die die Hauptperson angenommen hat, werden notiert. Es wird vereinbart, wie die Hauptperson über die Ergebnisse der Aktivitäten der UnterstützerInnen informiert wird. Es kommt nicht auf die Menge der Ziele an. Zwei bis drei Ziele reichen gewöhnlich. Es sei denn, es gibt einen großen, aktiven Unterstützungskreis.

8 Sich auf die nächsten Schritte einigen
Ziel des letzten Schrittes ist es, Vereinbarungen zu treffen, damit die planende Person und der Unterstützungskreis sofort mit der Umsetzung des Zukunftsplanes starten können und beginnen, zusammenzuarbeiten.
Die Moderation bittet nun alle im Unterstützungskreis, darüber nachzudenken, was sie in den nächsten 24 bis 72 Stunden tun können, um der Zukunftsvision einen kleinen Schritt näher zu kommen. Dies kann etwas kleines Einfaches sein, zum Beispiel jemanden über das Planungstreffen zu informieren, oder einen Kontakt herzustellen. Die planende Person beginnt und sagt, was sie als nächstes tun möchte. Dann machen die Unterstützungskreismitglieder ihre Angebote und die Person entscheidet, ob sie diese annehmen möchte. Die Aktionen werden auf dem Plakat in einer Tabelle „Was macht wer bis wann“ unter „Nächste Schritte“ notiert.

Abschluss
Die Moderation bittet nun alle, sich den PATH noch einmal anzusehen und fragt nach Vorschlägen für einen Titel. Wenn ein passender Vorschlag kommt, der der Hauptperson gefällt, wird er von der ZeichnerIn über den PATH geschrieben.
Die Moderation bittet zum Abschluss alle Teilnehmenden des Unterstützungskreises, eine kurze wertschätzende Rückmeldung oder ein Gefühl über das PATH-Treffen zu äußern. Die ZeichnerIn notiert diese Begriffe am unteren Rand des Plakates. Die Hauptperson hat das kurze Schlusswort.

Was erfordert PATH?
PATH ist ein intensives Planungsverfahren, das eine erfahrene Moderation und eine Person, die zeichnet, malt und schreibt (graphic facilitator) erfordert. Die beiden sollten sich vorher ausführlich mit der Methode vertraut gemacht haben. Die Teilnehmenden des Unterstützungskreises sollten möglichst offen, wertschätzend und unterstützend sein. PATH dauert mindestens zweieinhalb Stunden bis einen halben Tag.

Folgewirkungen Persönlicher Zukunftsplanung

Veränderung der Rolle der Professionellen:

Die Aufgabe der Profis: Koordination und Kooperation

Wichtig ist, dass sich die Rolle der Fachleute ändert. Die neue Rolle von Fachleuten in Persönlicher Zukunftsplanung ist eher die der ModeratorIn, KoordinatorIn, UnterstützerIn. Man ist eine ExpertIn unter anderen (einschließlich der Person mit Behinderung als ExpertIn für ihr eigenes Leben). Dies kann eine Entlastung sein, da man nicht mehr alles allein machen muss, dies wird von manchen Profis aber auch als ambivalenter Einflussverlust auf die Hauptperson erlebt.

Die Aufgabe der Profis: Koordination und Kooperation

- ModeratorIn des Übergangsprozesses sein
- und einer von mehreren "ExpertInnen", deren Kenntnisse, Verbindungen und Mittel wichtig sind
- die Person mit Behinderung und ihre Familie einbeziehen
- Angebote und Ressourcen der Region kennen

Wichtig ist auch, dass sich die Einstellung der beteiligten Fachleute ändert. Ohne eine veränderte Einstellung werden auch die Methoden Persönlicher Zukunftsplanung keine Veränderung bringen. Wenn in unverständlichem Pädagogenjargon gesprochen, über statt mit einer Person geredet oder wieder nur alle Defizite und Unmöglichkeiten aufgelistet werden, ist dies eine Fortsetzung eines alten Behindertenhilfeparadigmas mit neuen Methoden und keine Persönliche Zukunftsplanung, die zu einer Stärkung der Person, mehr Selbstbestimmung und Lebensqualität beiträgt. Es geht darum, konkrete Perspektiven mit einer Person zu entwickeln.

Veränderung der Organisationen in der Behindertenhilfe durch Persönliche Zukunftsplanung

Persönliche Zukunftsplanung bringt Menschen zusammen, um konkrete Bilder einer wünschenswerten individuellen Zukunft und gemeinsame Strategien zu ihrer Verwirklichung zu entwickeln. Dieser Prozess ist neben einer neuen Form der individuellen Planung auch eine Chance zur Veränderung von Organisationen in der Behindertenhilfe. Persönliche Zukunftsplanung kann nur dann erfolgreich sein, wenn sich die beteiligten Organisationen als lernende Organisationen verstehen, die ihre Arbeit in Richtung einer stärkeren Personenzentrierung und der Unterstützung von Inklusion weiterentwickeln wollen. Denn eine veränderte Form von individueller Hilfe- und Teilhabeplanung stellt ebenso wie die UN-Konvention über die Rechte von Menschen mit Beeinträchtigungen neue Anforderungen an die Organisationen der Behindertenhilfe. Personenzentrierung ist eine Frage der Kultur einer Organisation, die sich auf alle Ebenen einer Organisation bezieht. Es geht einerseits um Personenzentrierung, gute Unterstützung und eine Kultur der Wertschätzung gegenüber den unterstützten Personen, aber auch gegenüber MitarbeiterInnen. Personenzentrierte Teams[91], in denen diese Kultur gelebt wird, sind die entsprechende Organisationsform für personenzentrierte, flexible Unterstützungsleistungen.

---

[91] vgl. SANDERSON 2007

Die folgenden zusätzlichen Aktivitäten sind Möglichkeiten, Lernen und Veränderung innerhalb einer Organisation zu erreichen[92]:

1. Interaktive Problemlösung durch eine Gruppe interessierter MitarbeiterInnen

Als erster Schritt kann eine kleine Gruppe von MitarbeiterInnen gebildet werden, die für die Unterstützung der Persönlichen Zukunftsplanungen und der Unterstützungskreise sowie die Umsetzung der persönlichen Zukunftspläne verantwortlich ist. Ihre Aufgabe ist es, die alltäglichen Probleme bei der Umsetzung persönlicher Zukunftspläne mit der unterstützten Person und ihrem Umfeld konstruktiv und kreativ zu lösen. Ihre Aufgabe ist es auch, an der entsprechenden Veränderung des Unterstützungsangebotes der jeweiligen Organisation mitzuwirken.

2. Strategische Umorganisation der Ressourcen in Gemeinwesenarbeit - Sozialraumorientierung

Um die Möglichkeiten von Menschen mit Beeinträchtigungen vor Ort zu erweitern, sollte ein wachsender Teil des Geldes und der Zeit der Organisation in die Entwicklung neuer inklusiver Möglichkeiten und Rollen im Stadtteil bzw. der Region genutzt werden. So kann z. B. Unterstützung dafür angeboten werden, dass Initiativen im Stadtteil, die Volkshochschule oder Bürgerhäuser für Menschen mit Behinderung zugänglich werden. Behinderteneinrichtungen können alleine oder gemeinsam mit anderen Aktivitäten oder Projekte entwickeln, die allen Menschen in der Region - mit und ohne Behinderung - das Leben schöner machen. Wenn wir die Teilhabe von Menschen mit Beeinträchtigungen in unserer Gesellschaft nachhaltig fördern wollen, wird es in Zukunft immer wichtiger werden, neben der Einzelfallhilfe im Sinne von Sozialraumorientierung in die Unterstützungspotenziale einer Region zu investieren.

3. Systematische Evaluation und Weiterentwicklung der Arbeit mit Persönlicher Zukunftsplanung durch Studien- und Projektgruppen

Der Stand und die Effektivität der Umstrukturierung kann durch die Bildung von gezielten Fokus- und Projektgruppen regelmäßig weiterentwickelt und reflektiert werden. Dabei sind die unterstützten Menschen mit Beeinträchtigungen als NutzerInnen der Dienstleistung mit einzubeziehen. Ihre subjektive Lebensqualität muss sich verbessert haben, damit die Veränderungen als gut bezeichnet werden können.
Die Bildung von Fokus- und Projektgruppen kann durch folgende Schritte[93] erfolgen:

1. **Entwicklung einer Fragestellung der Fokusgruppe:**
   Die Fragestellung ergibt sich durch Umschreibung eines Problems oder einer Herausforderung, so z. B.:
   - Entwicklung von mehr Möglichkeiten für Menschen mit Beeinträchtigungen im Stadtteil.
   - Umgang mit Verhaltensweisen, die die Menschen im Umfeld an ihre Grenzen bringen.
   - Entwicklung von Möglichkeiten für Menschen mit Beeinträchtigungen, einen eigenen Mietvertrag zu haben bzw. selbst Wohnraum zu erwerben.
   - Entwicklung von neuen Qualifizierung- und Ausbildungsmöglichkeiten für Menschen mit geistiger Behinderung in Kooperation mit regulären Betrieben.

[92] vgl. Mount 1994, 105
[93] vgl. Mount 1994, 106

2. Zusammenstellen einer kleinen Fokusgruppe:
Eine kleine Gruppe von Menschen, denen das Problem ein Anliegen ist und die an einer Lösung mitarbeiten wollen, sollten identifiziert werden. Zu einer solchen Studiengruppe gehören meist auch eine ModeratorIn, eine für den Veränderungsprozess verantwortliche Person, ein Mensch mit Behinderung und eine Person aus der Leitung. Sie sollen erste Vorschläge für Veränderungen innerhalb der Organisation und das weitere Vorgehen machen und z. B. einen Projektvorschlag entwickeln.

3. Gelegenheiten zur Veränderung mit einer größeren Projektgruppe geben
Es sollte ein Ort für Innovation in der Organisation geschaffen werden, der von den alltäglichen Anforderungen und Erfordernissen des existierenden Systems geschützt ist. Z. B. können neue Möglichkeiten unter Einbeziehung Persönlicher Zukunftsplanungen zunächst in einem besonders aufgeschlossenen Bereich oder innerhalb eines Projektes geschehen. Die Veränderungen sollte von einer größeren Projektgruppe begleitet werden. In dieser Projektgruppe sollten die folgenden vier Personengruppen vertreten sein:

- *Eine begrenzte Anzahl von Menschen mit Beeinträchtigungen, deren Leben Aufschluss über die Fokusfragestellung geben kann und die in die Suche nach neuen Möglichkeiten mit einbezogen werden wollen.*
- *ModeratorInnen, UnterstützerInnen, die eine Vorreiterrolle in dem Erlernen der Durchführung von persönlichen Zukunftsplänen und ihrer Weiterverfolgung übernehmen.*
- *Unterstützungskreise oder Gruppen, die die alltägliche und laufende Unterstützung der Hauptpersonen durchführen.*
- *Die Unterstützung eines Mitglieds der Leitung, die mit verwaltungstechnischer Flexibilität und Unterstützung den Prozess absichert.*

Mitglieder der Projektgruppe treffen sich regelmäßig, um die kritischen Themen im Prozess der Umsetzung zu identifizieren und die Basis für konkrete Alternativen zur Verbesserung zu entwickeln. Die Mitglieder der Projektgruppe sollten dann die Entscheidungsträger in der Organisation treffen, um die Probleme zu diskutieren und Lösungsmöglichkeiten zu entwickeln.

4. Strukturelle Reflexion- Regelmäßige Foren mit allen Beteiligten zur gemeinsame Reflexion der Veränderungen und des Leitbildes, Strategietage
Damit der Veränderungsprozess erfolgreich verlaufen kann, müssen den Beteiligten kontinuierlich Gelegenheiten gegeben werden, neue Ideen zu gewinnen, ihre Werte und Einstellung zu reflektieren und zu verstärken. Dabei ist es in dem Prozess der Veränderung ungemein wichtig innerhalb einer Organisation und ihrem Umfeld Raum zu schaffen, die Veränderung der zugrunde liegenden ethischen Grundsätze und Einstellungen zu besprechen. Die Verständigung über unsere Menschenbilder, Ziele und Visionen in der Behindertenarbeit muss ein kontinuierlicher Prozess sein.

Für Behinderteneinrichtungen ist die Verständigung über ihre Grundsätze und Zielsetzungen sowie die zugrunde liegenden Wertvorstellungen und Menschenbilder für die konkrete Ausgestaltung der angebotenen Unterstützung entscheidend: Wenn innerhalb einer Einrichtung Menschen mit Beeinträchtigungen nicht als Menschen mit Fähigkeiten gesehen werden, denen mit Hilfe der Einrichtung ein möglichst selbstbestimmtes Leben in den regulären Lebensräumen unserer Gesellschaft ermöglicht werden soll, ist es wenig wahrscheinlich, dass dies geschieht. Wenn sich eine Werkstatt für behinderte Menschen nicht ausdrücklich zum Ziel setzt, Menschen mit Beeinträchtigungen in reguläre Betriebe des allgemeinen Arbeitsmarktes zu vermitteln und dort zu unterstützen, wird dies nicht im nennenswerten Umfang passieren. Wenn ein Integrationsfachdienst nicht ausdrücklich auch Menschen mit einer schweren Behinderung in integrative Arbeitsverhältnisse vermitteln will, werden diese immer auf Wartelisten sitzen bleiben, da andere vor ihnen dran sind, mit denen man schnellere Vermittlungserfolge erzielen kann. Innerhalb der Organisation muss Zeit und Raum zur Verfügung stehen, die Veränderungen durch die der Persönlichen Zukunftsplanung zugrunde liegenden Grundsätze und Einstellungen zu besprechen.

Helen Sanderson Associates hat in Zusammenarbeit mit anderen Organisationen den Prozess „Working together for change“ (Zusammenarbeit für Veränderung) entwickelt, um aus den individuellen Planungen Material für notwendige strategische Veränderungsprozesse zu erschließen[94]. Dazu sammeln sie aus den Persönlichen Lagebesprechungen jeweils die drei von der planenden Person ausgewählten, wichtigsten Punkte, die gut bzw. nicht gut laufen. Diese werden auf jeweils auf eine Metaplankarte geschrieben und aufbewahrt. Nachdem innerhalb der Organisation oder Region eine größere Zahl von Persönlichen Lagebesprechungen (z.B. 20) durchgeführt wurden, werden im Rahmen eines Strategietages mit allen Betroffenen (NutzerInnen, BetreuerInnen, Leitungskräften, Eltern, HilfeplanerInnen) die jeweiligen Karten auf Pinnwänden geclustert. Dabei werden Oberthemen für häufig genannte Punkte gebildet und in Ich-Aussagen umformuliert (z.B. „Ich bin einsam“). Zu den jeweiligen Themenkomplexen bilden sich dann gemischte Arbeitsgruppen, die die Punkte ergänzen und mit mehreren Warum-Fragen nach den tieferen Ursachen des Problems suchen. Aus den Ergebnissen der Arbeitsgruppen werden konkrete Schritte abgeleitet, um die erkannte Probleme zu lösen und dafür zu sorgen, dass Punkte, die gut laufen, weitergeführt und entwickelt werden können.

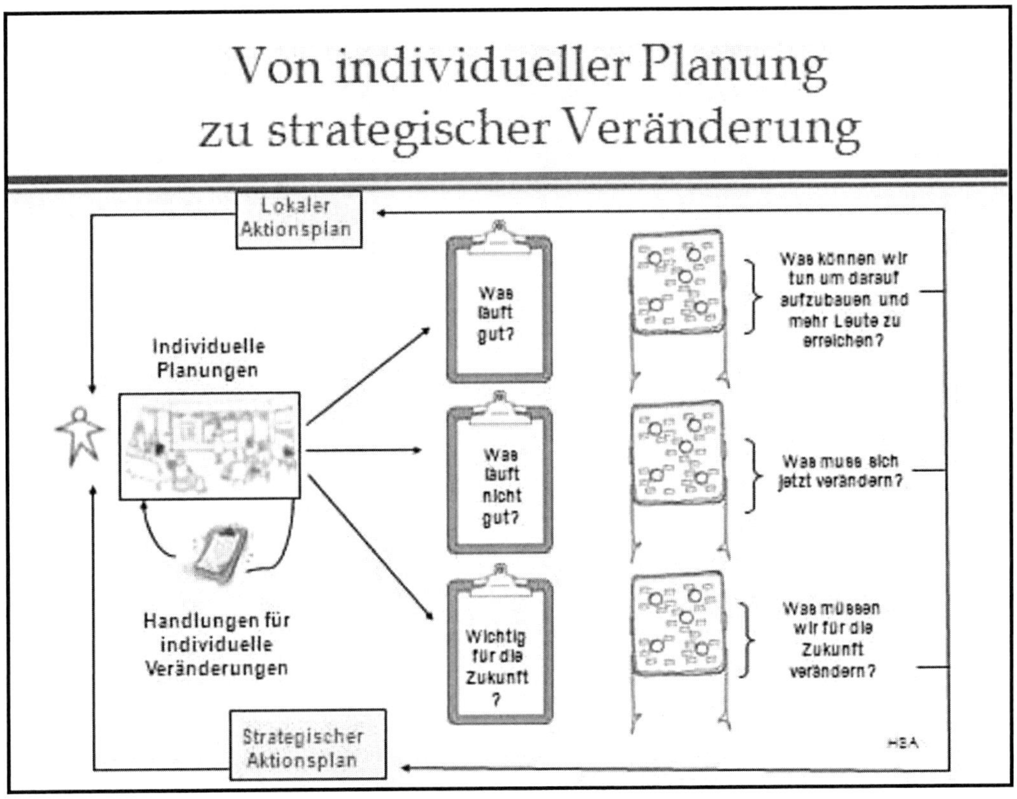

[94] Vgl. BENNET/SANDERSON 2010, s.a. KOENIG 2011

Lernende Organisationen

Organisationen im Behindertenbereich sollten sich als von und mit Menschen mit Beeinträchtigungen lernende Organisationen begreifen. Persönliche Zukunftsplanungen bieten eine Chance dazu, etwas über die Wünsche und Unterstützungsbedarfe der Zielgruppe zu erfahren. Wenn eine Organisation reif für Veränderungen ist, kann die Veränderung der Planung und Gestaltung der Unterstützung im Einzelfall durch Persönliche Zukunftsplanung zu einer Veränderung der Arbeitsweise der Organisation insgesamt führen.

Eine Organisation sollte immer bestrebt sein, sich als permanent lernende Organisation zu begreifen und zu den oberen 15% der Entwicklung zu gehören. Die Entwicklung und Durchsetzung von Innovationen verläuft nach Ansicht von Innovationsforschern folgendermaßen:[95]

Entwicklung von Innovationen:

- 5% -Innovatoren
- 10% Frühe Anwendung (Probierelite)
- 35% Frühe Mehrheit (diese Gruppe entscheidet darüber, ob eine Innovation "greift")
- 35% Späte Mehrheit
- 15% Zauderer

Veränderung des Systems der Behindertenhilfe

Wenn Organisationen sich zu verändern beginnen, verändert sich auch das System der Behindertenhilfe insgesamt. „Es ist sicherlich notwendig, die Strukturen, die Dienste, die sozialen Einrichtungen zu planen, die Veränderung der Systeme zu betreiben, doch geschieht dies am effektivsten nicht als Voraussetzung, sondern in Verbindung mit der konkreten Lebensgestaltung und Umsetzung individueller Zukunftspläne ausgehend von den Problemen und Interessen einzelner Menschen."[96]

Man kann klein beginnen, einzelne Elemente der Persönlichen Zukunftsplanung auszuprobieren, aber man muss beginnen um etwas zu verändern. Ausgangspunkt muss dabei eine veränderte Einstellung sein. Das vorgestellte Modell der Persönlichen Zukunftsplanung soll kein Patentrezept sein, sondern eher ein Denkanstoß, ein Fragment, eine Skizze, ein erster Entwurf - unvollständig im besten Sinne. Vielleicht können wir gemeinsam neue passende Stücke zu dem Puzzle eines neuen Bildes von Hilfeplanung in der Behindertenhilfe finden oder erfinden.

Ich möchte Sie einladen, gemeinsam in diese Richtung weiterzudenken, die Ideen auszuprobieren und weiterzuentwickeln. Ich würde mich freuen, wenn sich an vielen Orten im deutschsprachigen Raum sich Gruppen von Menschen finden würden, die Lust haben, diesen Weg weiterzugehen. Wer mit Persönlicher Zukunftsplanung arbeitet und an weiteren Informationen, Fortbildungen und Informationsaustausch interessiert ist, kann sich gerne an das Netzwerk Persönliche Zukunftsplanung wenden oder sogar aktiv mitarbeiten und Mitglied werden.[97]

---

[95] BUGDAHL 1995

[96] VON LÜPKE 1994, 103

[97] www.persoenliche-zukunftsplanung.eu, info@persoenliche-zukunftsplanung.eu

Vielleicht stellen wir eines Tages fest, dass sich durch unsere Schritte das System der Behindertenhilfe mit verändert hat. In diesem Sinne möchte ich mit einem Zitat enden, das diese Hoffnung für mich ausdrückt:

„Über die Schritte, das Leben von individuellen Menschen auf eine individuelle Weise gestalten zu helfen, verändert sich das System von selbst mit. Wenn du damit beginnst, das System zu verändern, dann glückt es dir nicht. Du kannst nicht alles auf einmal verändern, das ist eine hoffnungslose Aufgabe und du musst schrecklich viel Zeit und Energie investieren, Widerstände zu überwinden. Beginne bei den Menschen, die selber darum bitten, das funktioniert wirklich am besten. Wir haben gemerkt, dass die Hilfeleistenden sich von selbst mitverändern. Und eines Tages merkst du, dass das Hilfesystem verändert ist".[98]

[98] Ronny Vink, zitiert nach VON LÜPKE 1994, 103

Literatur

ARBEITS- UND SOZIALMINISTERKONFERENZ (AMSK): Eckpunkte für die Reformgesetzgebung Eingliederungshilfe im SGB XII, Bund-Länder-Arbeitsgruppe „Weiterentwicklung der Eingliederungshilfe für Menschen mit Beeinträchtigungen" der ASMK, 25.-26.11.2009.

AMERICANS WITH DISABILITIES ACT OF 1990 (ADA), Public Law 101-336. Washington: Congress 1990.

BECK, Iris, LÜBBE, Andrea: Individuelle Hilfeplanung. Anforderungen an die Behindertenhilfe. In: Deutsche Heilpädagogische Gesellschaft (DHG) (Hrsg.): DHG-Schriften (2002), H. 9.

BEEMAN, PAT; DUCHARME, George; MOUNT, Beth: One candle power. Building bridges into community life for people with disabilities. Manchester 1989.

BENNET, Sam / SANDERSON, Helen: Von der individuellen Planung zur strategischen Veränderung. Vortrag Fachtagung „Neue Wege zur Inklusion" Lensahn, 30.9.2010. Im Internet: www.personcentredplanning.eu

BOBAN, Ines/ HINZ, Andreas: Persönliche Zukunftsplanung im Unterstützerkreis. Ein Zukunftsfest wie ein Geburtstag. In: Das Band (2009), H. 1, 12-15.

BOBAN, Ines: Moderation persönlicher Zukunftsplanung in einem Unterstützerkreis – „You have to dance with the group!" Zeitschrift für Inklusion 2007, Ausgabe 1. Im Internet unter: http://bidok.uibk.ac.at/library/boban-moderation.html

BOBAN, Ines / HINZ, Andreas: Persönliche Zukunftsplanung mit Unterstützungskreisen – ein Ansatz auch für die Unterstützung in der Arbeitswelt. In: BIEKER, Rudolf (Hrsg.): Teilhabe am Arbeitsleben. Wege der beruflichen Integration von Menschen mit Behinderung. Stuttgart: Kohlhammer, 2005, 282-295.

BOBAN, Ines/ HINZ, Andreas: Persönliche Zukunftskonferenzen. Unterstützung für individuelle Lebenswege. In: Behinderte in Familie, Schule und Gesellschaft, 4/5/99, 13-23. Im Internet: http://bidok.uibk.ac.at/library/beh4-99-konferenz.html

BONO, Edward de: Laterales Denken. Ein Kurs zur Erschließung ihrer Kreativitätsreserven, Düsseldorf 1989.

BONO, Edward de: Sechsfarben-Denken, Düsseldorf: Econ, 1989.

BONO, Edward de: Chancen. Das Trainingsmodell für erfolgreiche Ideensuche. Düsseldorf: Econ, 1992

BOLLES, Richard Nelson: Durchstarten zum Traumjob. Das Bewerbungshandbuch für Ein-, Um- und Aufsteiger. Frankfurt: Campus-Verlag, 2004.

BRADLEY, Valerie; ASHBAUGH, John; BLANEY, Bruce (Hrsg.): Creating individual supports for people with developmental disabilities. A mandate for change at many levels. Baltimore, Maryland, USA: Paul Brookes, 1994.

BROS-SPÄHN, Bernadette: Und was ist nach der Schule? Welche Lebens- und Berufsperspektiven haben Jugendliche, die als „schwerstmehrfachbehindert" diagnostiziert sind? In: HINZ, Andreas (Hrsg.): Schwere Mehrfachbehinderung und Integration – Herausforderungen, Erfahrungen, Perspektiven. Marburg: Lebenshilfe, 2007, 181-187.

BRUNNER, Ilse; HÄCKER, Thomas; WINTER, Felix (Hrsg.): Das Handbuch Portfolioarbeit. Konzepte, Anregungen, Erfahrungen aus Schule und Lehrerbildung. Seelze-Velber: Kallmeyer, 2006.

BUGDAHL, Volker: Kreatives Problemlösen im Unterricht. Frankfurt am Main: Cornelsen Scriptor, 1995.

BUNDESARBEITSGEMEINSCHAFT UNTERSTÜTZTE BESCHÄFTIGUNG (BAG UB) (HRSG.) (2011): Impulsethema Persönliche Zukunftsplanung. Anwendungsbeispiele –Anregungen – Analysen. Im Internet: http://trainingpack.personcentredplanning.eu/attachments/article/159/impulse_SonderheftZukunftsplanung_Downloadversion.pdf

BUNDESARBEITSGEMEINSCHAFT FÜR UNTERSTÜTZTE BESCHÄFTIGUNG (Hrsg.): Berufsbegleitende Qualifizierung in Unterstützter Beschäftigung für Integrationsberater und Integrationsberaterinnen. Modul 3: Individuelle Berufsplanung – Jede BewerberIn ist einmalig. Hamburg: BAG UB, 2000.

BUNDESVEREINIGUNG LEBENSHILFE (Hrsg.): Selbstbestimmung. Kongressbeiträge. Marburg: Lebenshilfe, 1996.

BROOKE, Valerie; BARCUS, Michael; INGE, Katharin (Hrsg.): Consumer advocacy and Supported Employment: A vision for the future. Virginia USA: Virginia Commonwealth University, 1992.

CURTIS, Emilee / DEZELSKY, Milly: It's my life. Preference- based planning. Castle Valley, Utah, USA: New Hats, 1994.

CURTIS, Emilee / DEZELSKY, Milly: A toolbox for person centered planning. Castle Valley, Utah, USA: New Hats, 1994.

DEUTSCHE HEILPÄDAGOGISCHE GESELLSCHAFT (DHG) (Hrsg.): Hilfe nach Maß?! Hilfebedarf. Individuelle Hilfeplanung. Assistenz. Persönliches Budget. Tagungsbericht DHG Fachtagung 5.-6.12.2000 Mainz. DHG-Schriften (2001).

DEUTSCHER VEREIN FÜR ÖFFENTLICHE UND PRIVATE FÜRSORGE: Empfehlungen des Deutschen Vereins zur Bedarfsermittlung und Hilfeplanung in der Eingliederungshilfe für Menschen mit Beeinträchtigungen. Berlin 2009. Im Internet: http://www.deutscher-verein.de/05-empfehlungen/empfehlungen_archiv/2009/pdf/DV%2006-09.pdf

DOOSE, Stefan: Neue Wege zur Inklusion durch Persönliche Zukunftsplanung, Sozialraumorientierung und personenzentrierte Dienstleistungen. In: THIELEN, Marc; KATZENBACH, Dieter, SCHNELL, Irmtraud (Hrsg.): Prekäre Übergänge? Erwachsenwerden unter den Bedingungen von Behinderung und Benachteiligung. Bad Heilbrunn 2013, 93-117.

DOOSE, Stefan: Zukunft gestalten – Hilfe planen. Methoden einer individuellen Hilfe- und Persönlichen Zukunftsplanung. In: MAIER-MICHALITISCH, Nicola; GRUNICK, Gerhard (Hrsg.): Wohnen. Erwachsen werden und Zukunft gestalten mit schwerer Behinderung. Düsseldorf 2012, 53-71.

DOOSE, Stefan: Unterstützte Beschäftigung: Berufliche Integration auf lange Sicht. Marburg: Lebenshilfe-Verlag, 3. überarbeitete Auflage 2012.

DOOSE, Stefan: Persönliche Zukunftsplanung in der beruflichen Orientierung für Menschen mit schwerer und mehrfacher Behinderung. In: LEBEN MIT BEHINDERUNG (HRSG.): Ich kann mehr! Berufliche Bildung für Menschen mit schweren Behinderungen. Hamburg 2011, 93-111.

DOOSE, Stefan: Vieles beginnt mit einem Traum. Erfahrungen aus zwei Modellprojekten zur Entwicklung einer inklusiven Weiterbildung in Persönlicher Zukunftsplanung. In: impulse (2010b), 18-25.

DOOSE, Stefan: Persönliche Zukunftsplanung. Personenzentriertes und sozialraumorientiertes Denken, Planen und Handeln. In: Die Kerbe (2010a), H. 2, 26-28.

DOOSE, Stefan; EMRICH, Carolin; GÖBEL, Susanne: Käpt'n Life und seine Crew. Ein Planungsbuch zur Persönlichen Zukunftsplanung. Zeichnungen von Tanay Oral. Netzwerk People First Deutschland (Hrsg.) 2004, Neuauflage Neu-Ulm: AG SPAK, 2013.

DOOSE, Stefan: Persönliche Zukunftsplanung im Übergang von der Schule in das Erwachsenenleben. In: WILKEN, Etta (Hrsg.) Neue Perspektiven für Menschen mit Down-Syndrom – Dokumentation der Fachtagung Down-Syndrom 1996, Rückersdorf: Selbsthilfegruppe für Menschen mit Down-Syndrom und ihre Freunde e.V., Hirschenau 10, 90607 Rückersdorf, 1998.

DOOSE, Stefan: „I want my dream!" Persönliche Zukunftsplanung. Neue Perspektiven und Methoden einer individuellen Hilfeplanung mit Menschen mit Beeinträchtigungen. Broschüre mit Materialienteil. Hamburg: Eigenverlag, 1996.

DER BEAUFTRAGTE DER BUNDESREGIERUNG FÜR DIE BELANGE DER BEHINDERTEN (HRSG.): Der neue Diskriminierungsschutz für Behinderte im Grundgesetz, Bonn 1995.

EGGERT, Dietrich: Von den Stärken ausgehen.... Individuelle Entwicklungspläne in der Lernförderungsdiagnostik. Dortmund: borgmann publishing, 1997.

EHLER, Jens: Mein Leben hat sich dadurch verändert. Persönliche Zukunftsplanung – eine Methode, eigene Lebenswege entwickeln zu lernen. In: Das Band (2009), H.1, 17-19.

EMRICH, Carolin: Ich geh meine eigenen Wege. Das Konzept der Persönlichen Zukunftsplanung. In: Orientierung (2008), H. 1, 1-5.

EMRICH, Carolin; GROMANN, Petra; NIEHOFF, Ulrich: Gut Leben. Persönliche Zukunftsplanung realisieren – ein Instrument. Erstauflage 2006, 3. Auflage, Marburg: Lebenshilfe-Verlag, 2012.

EMRICH, Carolin: Persönliche Zukunftsplanung. Konzept und kreative Methoden zur individuellen Lebens(stil)planung und/oder Berufswegplanung. In: impulse – Zeitung der BAG UB (2004), H.29, 22-25.

ETZEL, Sabine; NETTELS, Leonie „Und dann mach' ich es wirklich..." Zukunftsplanung von Leonie Nettels. In: impulse thema Sonderheft: Persönliche Zukunftsplanung (2011), 6-9.

EVANGELISCHE STIFTUNG ALSTERDORF. GESCHÄFTSBEREICH HAMBURGSTADT: Handbuch zur Assistenzplanung. 3. Auflage Hamburg 1999.

FEUSER, Georg: „Geistigbehinderte gibt es nicht!" Projektionen und Artefakte in der Geistigbehindertenpädagogik. In: Geistige Behinderung (1996), H. 1, 18-25.

FINCHER, Susanne: Mandala-Malen. Der Weg zum eigenen Zentrum. München: Droemer Knauer. 2. Auflage 2001.

FÖRDERVEREIN FÜR MENSCHEN MIT GEISTIGER BEHINDERUNG BONN E.V. (HRSG.): Zukunftsplanung zum Lebensende: Was ich will. Bonn 2. Auflage 2011. http://www.foerderverein-bonn-beuel.de/

FOREST, Marsha; PEARPOINT, Jack: Common Sense Tools: MAPS and CIRCLES: for inclusive education. In: PEARPOINT, Jack; FOREST, Marsha; SNOW, Judith: The inclusion papers. Strategies to make inclusion work. A collection of articles from the Centre for Integrated Education and Community. Toronto: Inclusion Press 1993, 40 – 51.

FRÜCHTEL, Frank, BUDDE, Wolfgang, CYPRIAN, Gudrun: Sozialer Raum und Soziale Arbeit. Textbook: Theoretische Grundlagen. 3. Auflage, Wiesbaden 2012a.

FRÜCHTEL, Frank, BUDDE, Wolfgang, CYPRIAN, Gudrun: Sozialer Raum und Soziale Arbeit. Fieldbook: Methoden und Techniken. 3. Auflage, Wiesbaden 2012b.

GÖBEL, Susanne: „Punkt, Punkt, Komma, Strich – Ein Bild wird es sicherlich!" Graphische Darstellung als wichtiges Element der Persönlichen Zukunftsplanung. Mainz 2013.

GÖBEL, Susanne/ KASANG, Maik: „Am liebsten die Taube in der Hand“. Berufliche Wünsche planvoll unterstützten. In: impulse – Zeitung der BAG UB (2005), H.33, 3-7. Im Internet: http://bidok.uibk.ac.at/library/imp-33-05-kasang-taube.html

GÖBEL, Susanne: Persönliche Zukunftsplanung. In: HERMES, Gisela/ KÖBSELL, Swantje (Hrsg.): Disability Studies in Deutschland – Behinderung neu denken! Dokumentation der Sommeruni 2003. Kassel: bifos 2003, 164-174.

GÖBEL, Susanne: Wir vertreten uns selbst. Ein Arbeitsbuch zum Aufbau von Selbsthilfegruppen für Menschen mit Lernschwierigkeiten. Kassel: bifos, 1995.

GROMANN, Petra (2010): Manual Integrierter Teilhabeplan Hessen (ITP Hessen). ITP Version 2.1, Stand Dezember 2010. Fulda. Im Internet: http://www.lwv-hessen.de/files/272/Manual__Handbuch__fuer_den_ITP_Hessen.pdf

GROMANN, Petra/ NIEHOFF, Ulrich: Schöner Wohnen. Ein Instrument zur Bewohner(innen)-Befragung. Marburg: Lebenshilfe-Verlag, 2003.

GROMANN, Petra: Nutzerkontrolle – ein wichtiger Bestandteil von Qualitätssicherung. In: Geistige Behinderung (1996), H. 3, 211-222.

HAACK, Marcel & KÜHL, Wiebke (2011): Meine Zukunftsplanung. Das erste Stück vom langen Weg. In: impulse, H. 57, 10-14.

HAMBURGER ARBEITSASSISTENZ: talente. Ein Angebot zur Förderung von Frauen mit Lernschwierigkeiten im Prozess beruflicher Orientierung und Qualifizierung. Theoretische Grundlagen, Projektbeschreibung, Methoden, Materialien, Filme, Begleit-DVD. Hamburg: Hamburger Arbeitsassistenz 2008.

HAMBURGER ARBEITSASSISTENZ: bEO – berufliche Erfahrung und Orientierung. Theoretische Grundlagen, Projektbeschreibung, Methoden, Materialien, Begleit-CD. Hamburg: Hamburger Arbeitsassistenz 2007.

HAUSSMANN, Martin: bikabolo – das Trainerwörterbuch der Bildsprache. Eichenzell: Neuland 2006.

HAUSSMANN, Martin: bikabolo 2.0 – das Bikablo 2.0: Neue Bilder für Meeting, Training & Learning / New Visuals for Meeting, Training & Learning. Eichenzell: Neuland 2009.

HINZ, Andreas: Geistige Behinderung und die Gestaltung integrativer Lebensbereiche. Sonderpädagogik 26 (1996), H.3, 145-153.

HINZ, Andreas/ KRUSCHEL, Robert: Bürgerzentrierte Planungsprozesse in Unterstützerkreisen. Praxishandbuch Zukunftsfeste. Düsseldorf: verlag selbstbestimmtes leben 2013.

HINZ, Andreas, FRIESS, Sabrina, TÖPFER, Juliane: Neue Wege zur Inklusion – Zukunftsplanung in Ostholstein. Inhalte – Erfahrungen – Ergebnisse. Marburg: Lebenshilfe Verlag 2012.

HINTE, Wolfgang/ TREESS, Helga: Sozialraumorientierung in der Jugendhilfe. Weinheim und München 2007.

HOLBURN, Steve/ VIETZE, Peter M. (Hrsg.): Person-Centred Planning. Research, Practice and Future Directions. Baltimore, Maryland, USA: Paul H. Brookes Publishing Co., 2002.

JUNG,C. G.: Mandala – Bilder aus dem Unbewussten. Olten und Freiburg im Breisgau: Walter-Verlag. 11. Auflage 1995.

KLEBERT, Karin; SCHRADER, Einhard; STRAUB, Walter: KurzModeration. Anwendung der Moderationsmethode in Betrieb, Schule und Hochschule, Kirche und Politik, Sozialbereich und Familie bei Besprechungen und Präsentationen. Hamburg: Windmühle, 13. Auflage 2011.

KISTNER, Hein: Kraftvoll der Zukunft entgegen! Zukunftskonferenzen für Menschen mit schweren Behinderungen. In Zeitschrift Seelenpflege (2012), H. 1, 45-53.

KLUGE, Mathias: Felix – die Zukunft beginnt in der Grundschule, die Planung auch. In: HINZ, Andreas (Hrsg.): Schwere Mehrfachbehinderung und Integration – Herausforderungen, Erfahrungen, Perspektiven. Marburg: Lebenshilfe 2007, 181-187.

KOENIG, Oliver: Die Konsequenzen von personen-zentrierter Arbeit und Persönlicher Zukunftsplanung: Veränderungen von Organisationen (2011). Im Internet: http://trainingpack.personcentredplanning.eu/index.php/de/organisational-change-de

KOENIG, Oliver: Persönliche Zukunftsplanung und Unterstützte Beschäftigung als Instrumente in institutionellen Veränderungsprozessen. In: Behinderte Menschen (2008), H. 5, 72-89.

LANDSCHAFTSVERBAND RHEINLAND: IHP 3. Handbuch zur individuelles Hilfeplanung. Landschaftsverbandes Rheinland. Handbuch. Köln 2010. Im Internet: http://www.lvr.de/de/nav_main/soziales_1/menschenmitbehinderung/wohnen/hilfeplanverfahren_2/hilfeplan/hilfeplan_1.jsp

LEBENSHILFE BREMEN (HRSG.): Leichte Sprache. Die Bilder. Buch mit DVD. Marburg: Lebenshilfe-Verlag 2013.

LUNT, Julie & HINZ, Andreas (Eds.): Training and Practise in Person Centred Planning – A European Perspective. Dalrymple and Verdun, 2011.

MARRONE, Joe; HOFF, David; HELM, David: Person Centered Planning for the Millennium: We are old enough to remember when PCP used to be a drug. Boston, USA: Children's Hospital, 1996

MENSCH ZUERST – NETZWERK PEOPLE FIRST DEUTSCHLAND (HRSG.): Das neue Wörterbuch für leichte Sprache. Kassel: Mensch zuerst – Netzwerk People First Deutschland e.V., 2008

MIKŠANEK, Stefanie: Wie gehen Moderatorinnen und Moderatoren Persönlicher Zukunftsplanung mit Widerständen um, die in Unterstützungskreistreffen ausgedrückt werden? Wien: Masterarbeit 2012. Im Internet: http://bidok.uibk.ac.at/library/miksanek-zukunftsplanung-dipl.html

MINISTERIUM FÜR ARBEIT, SOZIALES, FAMILIE UND GESUNDHEIT DES LANDES RHEINLAND-PFALZ (HRSG.): Handbuch zur Individuellen Hilfeplanung in Rheinland-Pfalz. Mainz 2005. Im Internet Im Internet: http://msagd.rlp.de/fileadmin /masgff/soziales/Menschen_mit_Beeinträchtigungen/Handbuch_12_05.pdf

MONTAG STIFTUNG (HRSG.): Inklusion vor Ort. Der Kommunale Index für Inklusion – ein Praxishandbuch. Berlin: Deutscher Verein für öffentliche und private Fürsorge, 2011.

MOUNT, Beth: It's never too early, it's never too late. A booklet about personal futures planning. St. Paul, Minnesota, USA: Metropolitan Council, 1989.

MOUNT, Beth: Benefits and Limitations of personal future planning. In: Bradley, Ashbaugh & Blaney (Hg.), Creating individual supports for people with developmental disabilities: A mandate for change at many levels, Baltimore, USA: Brookes, 1994, 97-108.

MOUNT, Beth: Person Centered Planning: Finding Directions for Change Using Personal Future Planning. New York USA: Graphic Futures, 2000.

MOUNT, Beth: Life Building. Opening Windows to change. Using Personal Future Planning. Personal Workbook. New York USA: Graphic Futures, 2000.

MOUNT, Beth/ O`BRIEN, Connie Lyle: Building New World. A Sourcebook for Students with Disabilities in Transition from High School to Adult Life. New York USA: Graphic Futures, 2002.

NETZWERK PEOPLE FIRST DEUTSCHLAND (HRSG.): Persönliche Zukunftsplanung. Kurzinformation. Was ist persönliche Zukunftsplanung? Beispiele von Zukunftsplanungen. Kassel (2003) Heft 1.

NETZWERK PEOPLE FIRST DEUTSCHLAND (Hrsg.): Persönliche Zukunftsplanung. Kurzinformation. PATH – Ich gehe meinen Weg“ Kassel (2003) Heft 2.

NIEDERMAIR, Claudia: »Ich möchte arbeiten« Eingliederung von Jugendlichen mit schwerer Behinderung in den regionalen Arbeitsmarkt in Österreich. In: Geistige Behinderung 43 (2004), H.1, 66-80.

NIEDERMAIR, Claudia: “Ich möchte arbeiten” Zur Gestaltung integrativer Übergänge zwischen Schule und Berufswelt für Jugendliche mit schweren Beeinträchtigungen. In: Behinderte in Familie, Schule und Gesellschaft (1998), H. 4/5, 21-32. Im Internet: http://bidok.uibk.ac.at/library/beh4-99-arbeiten.html

NIEDERMAIR, Claudia/ TSCHANN, Elisabeth: „Ich möchte arbeiten“ Porträts von sechs Jugendlichen. In: Behinderte in Familie, Schule und Gesellschaft (1999), H. 4/5, 24-36. Im Internet: http://bidok.uibk.ac.at/library/beh4-99-portraits.html

NIEDERMAIR, Claudia/ TSCHANN, Elisabeth: „Ich möchte arbeiten“ Der Unterstützungskreis In: Behinderte in Familie, Schule und Gesellschaft (1999), H. 4/5, 37-42

NITSCHKE, Petra: Bildsprache. Formen und Figuren im Grund- und Aufbauwortschatz. Bonn: managerSeminare Verlags GmbH, 2012.

NÖLLKE, Matthias: Kreativitätstechniken. Freiburg: Haufe-Verlag 3. Auflage 2006.

O’BRIEN, John & BLESSING, Carol: Conversations on Citizenship and Person-Centred Work. Toronto: Inclusion Press, 2011.

O’BRIEN, John/ O’BRIEN, Connie Lyle (Hrsg.): A little book about Person Centered Planning. Toronto: Inclusion Press, 1999, www.inclusion.com

O’BRIEN, John/ O’BRIEN, Connie Lyle: The Origins of Person-Centered Planning. In: O’BRIEN, John/ O’BRIEN, Connie Lyle (Hrsg.): Implementing Person Centered Planning. Voices of Experience. Toronto: Inclusion Press, 2002a.

O’BRIEN, John/ O’BRIEN, Connie Lyle (Hrsg.): Implementing Person Centered Planning. Voices of Experience. Toronto: Inclusion Press, 2002b.

O’BRIEN, John, PEARPOINT, Jack & KAHN, Lynda: The PATH & MAPS Handbook. Person-Centred Ways to Build Community. Toronto: Inclusion Press 2010.

O’BRIEN, John/ PEARPOINT, Jack (Hrsg.): Person-centered planning with MAPS and PATH. A workbook for facilitators. Toronto: Inclusion Press, 2002.

PANCSOFAR, Ernest: Building Community Together. Self-Growth Area Updates. Continuation of Community Connections Guide. Manchester, CT, USA: Communitas, 1996.

PEOPLE FIRST: Wie man eine People-First Gruppe aufbaut und unterstützt. In: Geistige Behinderung (1995), H. 1, Praxisteil.

PEARPOINT, Jack: Hints for Graphic Facilitators. Toronto: Inclusion Press, 2002.

PEARPOINT, Jack; O’BRIEN, John; FOREST, Marscha: PATH: Planning Alternative Tomorrows with Hope. A workbook for planning possible positive futures. Toronto, Kanada: Inclusion Press, 1993, www.inclusion.com

PEARPOINT, Jack; FOREST, Marscha; SNOW, Judith: The inclusion papers. Strategies to make inclusion work. A collection of articles from the Centre for Integrated Education and Community. Toronto, Kanada: Inclusion Press, 1993.

POHL, Margot: Schau mir in die Augen. Persönliche Zukunftsplanung mit alternativen Kommunikationsformen. In: impulsethema Persönliche Zukunftsplanung (2011), 21-27. Im Internet: http://trainingpack.personcentredplanning.eu/attachments/article/159/impulse_SonderheftZukunftsplanung_Downloadversion.pdf

Rachow, Axel: Sichtbar. Die besten Visualisierungs-Tipps für Präsentation und Training. Bonn: managerSeminare Verlags GmbH, 3. Aufl. 2009.

Rehabilitation Act Amendments. Public Law 102-589. Reauthorisation of the Rehabilitation Act (Public Law 93-56). Washington: Congress, 1992

Rieger, Renate/ Bühler, Theo: Ratgeber Methoden. Ein Wegweiser zu erfolgreichen Arbeitsformen in Initiativen und Projekten. Arbeitshilfen für Selbsthilfe- und Bürgerinitiativen Nr. 9, Stiftung Mitarbeit. Bonn 1996.

Ritchie, Pete; Sanderson, Helen, Kilbane, Jackie, Routledge, Martin: People, Plans and Practicalities. Achieving change through person centred planning. Edingburg: SHS-Trust 2003

Rock, Kerstin: Selbstbestimmung als Herausforderung an die Professionellen. In: Geistige Behinderung (1996), H. 3, 223-232.

Rohrmann, Albrecht: Teilhabe planen. Ziele und Konzepte regionaler Teilhabeplanung, in: Teilhabe (2009), H. 1, 18-24.

Sanderson, Helen: Person Centred Teams. Stockport 2007. Im Internet: http://www.helensandersonassociates.co.uk/media/15375/person%20centred%20teams.pdf

Sanderson, Helen & Goodwin, Gill (Hrsg.): Minibuch Personenzentriertes Denken. Deutsche Übersetzung Stefan Doose, Susanne Göbel, Oliver Koenig. HSA The Learning Community: Stockport 2010. Im Internet: http://trainingpack.personcentredplanning.eu/attachments/article/206/HSAminibookGerman.pdf

Sanderson, Helen; Lewis, Jaimee: A Practical Guide to Delivering Personalisation: Person-Centred Practice in Health and Social Care. London & Philadelphia: Jessica Kingsley Publishers 2012.

Sanderson, Helen, Livesley, Michelle, Poll, Carl, Kennedy, Jo: Community Connecting. Stockport: HSA Press 2008.

Sanderson, Helen & Mathiesen, Ruth: Person Centred Reviews. Stockport 2003. Im Internet: http://www.dorsetforyou.com/media/pdf/f/n/ Person_Centred_Reviews_Adult_Pack.pdf

Sanderson, Helen & Neil, Max: From Individual to Strategic Change: Driving Change with Person Centred Information. Stockport 2009. Im Internet: http://www.helensandersonassociates.co.uk/media/44231/fromindtostratchange.pdf

Schablon, Kai-Uwe: Persönliche Zukunftsplanung in der Ausbildung. In: Orientierung (2008), H. 1, 14 – 17.

Scharmer, Otto: Theorie U: Von der Zukunft her führen. Heidelberg: Carl-Auer-Verlag 2009

Schmid, Michaela Verena: Mandalas als Einstieg in die Thematik „Persönliche Zukunftsplanung" ? In: Heilpädagogik online (2005), H. 3, 55 – 71.

Sellnow, Reinhard: Die mit den Problemen spielen... Ratgeber zur kreativen Problemlösung. Arbeitshilfen für Selbsthilfe- und Bürgerinitiativen Nr. 10, Bonn: Stiftung Mitarbeit, 4. Auflage 2004.

Seifert, Josef: Visualisieren, Präsentieren, Moderieren. Offenbach: Gabal, 30. völlig überarbeitete Auflage 2011.

Seifert, Josef: Moderation und Kommunikation. Offenbach: Gabal, 7.Auflage 2009.

Sievers, Ulla/ Kremeike, Karin: „Hier stehe ich im Mittelpunkt!" Personenzentriertes Denken und Handeln in der Unterstützten Beschäftigung. Hamburg: Bundesarbeitsgemeinschaft für Unterstützte Beschäftigung (BAG UB) 2013. Im Internet: http://www.bar-frankfurt.de/fileadmin/dateiliste/ rehabilitation_und_teilhabe/Internationale_Themen/infopool-bag-ub/materialien/ Themenheft_2__FUB_-_Personenzentrierung.pdf

SMULL, Michael; SANDERSON, Helen: Essential lifestyle planning for everyone. Stockport, UK: The learning community 2005.

SMULL, Michael; SANDERSON, Helen: Essential lifestyle planning. A handbook for facilitators. Accrington, UK: North West Training and Development Team 2001.

SNOW, Judith: What's really worth doing and how to do it. A book for people who loved someone labelled disabled. Toronto, Kanada: Inclusion Press, 1994.

THEUNISSEN, Georg: Lebensweltbezogene Behindertenarbeit und Sozialraumorientierung. Eine Einführung in die Praxis. Freiburg: Lambertus, 2012.

TROST, Rainer: Förderplanung mit Menschen mit geistiger Behinderung. In: IRBLICH, Dieter, STAHL, Burkhard (Hrsg.): Menschen mit geistiger Behinderung. Göttingen 2003, 502-555.

TSCHANN, Elisabeth: Die Zukunft erwartet man nicht, man geht ihr entgegen. In: Orientierung (2008), H. 1, 36 – 38.

ULRICH, Stephan: Menschen grafisch visualisieren. Paderborn: Junfermannsche Verlagsbuchhandlung, 2009.

VEREINTE NATIONEN: Übereinkommen über die Rechte von Menschen mit Beeinträchtigungen. Verfügbar in einer Ausgabe der Koordinierungsstelle in deutsch, der Schattenübersetzung, englisch und leichter Sprache unter: http://www.behindertenbeauftragter.de/SharedDocs/Publikationen/DE/Broschuere_UN-Konvention_KK.pdf;jsessionid=3C5BBE7FF558BC161D414843C0EB7A4B.2_cid355?__blob=publicationFile

VAN KAN, Peter; DOOSE, Stefan: Zukunftsweisend. Peer Counceling und Persönliche Zukunftsplanung. Kassel: bifos, 1999.

VON LÜPKE, Klaus: Nichts Besonderes. Zusammen-Leben und Arbeiten von Menschen mit und ohne Behinderung. Essen: Klartext-Verlag, 1994. Im Internet: http://bidok.uibk.ac.at/library/luepke-nichtsbesonderes.html

WILLIAMS, Richard; SANDERSON, Helen: What are we learning about person centred organisations? Verfügbar im Internet unter: http://www.helensandersonassociates.co.uk/media/16516/what%20are%20we%20learning%20about%20person%20centred%20organisations.pdf

WINTER, Felix: Ein Instrument mit vielen Möglichkeiten – Leistungsbewertung anhand von Portfolios. In: WINTER, Felix; VON DER GOEBEN, Annemarie; LENZEN, Klaus-Dieter (Hrsg.): Leistung sehen, fördern, werten. Neue Wege für die Schule. Bad Heilbrunn: Klinkhardt 2002, 175-183.

WINTER, Felix; VON DER GOEBEN, Annemarie; LENZEN, Klaus-Dieter (Hrsg.): Leistung sehen, fördern, werten. Neue Wege für die Schule. Bad Heilbrunn: Klinkhardt, 2002.

WIR VERTRETEN UNS SELBST (HRSG.): Klein angefangen – und Mensch, sind wir vorangekommen!! Der schriftliche Bericht des Bundesmodellprojektes. Kassel 2002.

WIR VERTRETEN UNS SELBST (HRSG.): Das kleine 1x1 für gute Unterstützung. Kassel: Netzwerk People First Deutschland, 2000.

WOCKEN, Hans: Sonderpädagogischer Förderbedarf als systemischer Begriff. Sonderpädagogik. 26 (1996), H.1, 34-38.

Bei allen Internetdateien Datum des letzten Zugriffs: 13.10.2013